GEORGIANO
VOCABULÁRIO

PORTUGUÊS BRASILEIRO

PORTUGUÊS GEORGIANO

Para alargar o seu léxico e apurar as suas competências linguísticas

7000 palavras

Vocabulário Português Brasileiro-Georgiano - 7000 palavras

Por Andrey Taranov

Os vocabulários da T&P Books destinam-se a ajudar a aprender, a memorizar, e a rever palavras estrangeiras. O dicionário é dividido em temas, cobrindo todas as principais esferas de atividades quotidianas, negócios, ciência, cultura, etc.

O processo de aprendizagem, utilizando os dicionários baseados em temáticas da T&P Books dá-lhe as seguintes vantagens:

- Informação de origem corretamente agrupada predetermina o sucesso em fases subsequentes da memorização de palavras
- Disponibilização de palavras derivadas da mesma raiz, o que permite a memorização de unidades de texto (em vez de palavras separadas)
- Pequenas unidades de palavras facilitam o processo de estabelecimento de vínculos associativos necessários para a consolidação do vocabulário
- O nível de conhecimento da língua pode ser estimado pelo número de palavras aprendidas

T&P Books Publishing
www.tpbooks.com

ISBN: 978-1-78767-323-6

Este livro também está disponível em formato E-book.
Por favor visite www.tpbooks.com ou as principais livrarias on-line.

VOCABULÁRIO GEORGIANO
palavras mais úteis

Os vocabulários da T&P Books destinam-se a ajudar a aprender, a memorizar, e a rever palavras estrangeiras. O vocabulário contém mais de 7000 palavras de uso comum organizadas tematicamente.

O vocabulário contém as palavras mais comummente usadas
Recomendado como adicional para qualquer curso de línguas
Satisfaz as necessidades dos iniados e dos alunos avançados de línguas estrangeiras
Conveniente para o uso diário, sessões de revisão e atividades de auto-teste
Permite avaliar o seu vocabulário

Características especias do vocabulário

- As palavras estão organizadas de acordo com o seu significado, e não por ordem alfabética
- As palavras são apresentadas em três colunas para facilitar os processos de revisão e auto-teste
- As palavras compostas são divididas em pequenos blocos para facilitar o processo de aprendizagem
- O vocabulário oferece uma transcrição simples e adequada de cada palavra estrangeira

O vocabulário contém 198 tópicos incluindo:

Conceitos básicos, Números, Cores, Meses, Estações do ano, Unidades de medida, Roupas & Acessórios, Alimentos & Nutrição, Restaurante, Membros da Família, Parentes, Caráter, Sentimentos, Emoções, Doenças, Cidade, Passeios, Compras, Dinheiro, Casa, Lar, Escritório, Trabalho no Escritório, Importação & Exportação, Marketing, Pesquisa de Emprego, Esportes, Educação, Computador, Internet, Ferramentas, Natureza, Países, Nacionalidades e muito mais ...

TABELA DE CONTEÚDOS

GUIA DE PRONUNCIAÇÃO

Letra	Exemplo Georgiano	Alfabeto fonético T&P	Exemplo Português
ა	აკადემია	[ɑ]	chamar
ბ	ბიოლოგია	[b]	barril
გ	გრამატიკა	[g]	gosto
დ	შუალედი	[d]	dentista
ე	ზედნიერი	[ɛ]	mesquita
ვ	ვერცხლი	[v]	fava
ზ	ზარი	[z]	sésamo
თ	თანაკლასელი	[th]	[t] aspirada
ი	ივლისი	[i]	sinônimo
კ	კაბა	[k]	aquilo
ლ	ლანგარი	[l]	libra
მ	მარჯვენა	[m]	magnólia
ნ	ნაყინი	[n]	natureza
ო	ოსტატობა	[ɔ]	emboço
პ	პასპორტი	[p]	presente
ჟ	ჟიური	[ʒ]	talvez
რ	რეჟისორი	[r]	riscar
ს	სასმელი	[s]	sanita
ტ	ტურისტი	[t]	tulipa
უ	ურდული	[u]	bonita
ფ	ფაიფური	[ph]	[p] aspirada
ქ	ქალაქი	[kh]	[k] aspirada
ღ	ღილაკი	[ɣ]	agora
ყ	ყინული	[q]	teckel
შ	შემდეგი	[ʃ]	mês
ჩ	ჩამჩა	[ʧh]	[tsch] aspirado
ც	ცურვა	[tsh]	[ts] aspirado
ძ	ძიძა	[dz]	pizza
წ	წამწამი	[ʦ]	tsé-tsé
ჭ	ჭანჭიკი	[ʧ]	Tchau!
ხ	ხარისხი	[h]	[h] suave
ჯ	ჯიბე	[ʤ]	adjetivo
ჰ	ჰოკიჯოხა	[h]	[h] aspirada

ABREVIATURAS
usadas no vocabulário

Abreviaturas do Português

adj	-	adjetivo
adv	-	advérbio
anim.	-	animado
conj.	-	conjunção
desp.	-	esporte
etc.	-	Etcetera
ex.	-	por exemplo
f	-	nome feminino
f pl	-	feminino plural
fem.	-	feminino
inanim.	-	inanimado
m	-	nome masculino
m pl	-	masculino plural
m, f	-	masculino, feminino
masc.	-	masculino
mat.	-	matemática
mil.	-	militar
pl	-	plural
prep.	-	preposição
pron.	-	pronome
sb.	-	sobre
sing.	-	singular
v aux	-	verbo auxiliar
vi	-	verbo intransitivo
vi, vt	-	verbo intransitivo, transitivo
vr	-	verbo reflexivo
vt	-	verbo transitivo

CONCEITOS BÁSICOS

Conceitos básicos. Parte 1

1. Pronomes

eu	მე	me
você	შენ	shen
ele, ela	ის	is
nós	ჩვენ	chven
vocês	თქვენ	tkven
eles, elas	ისინი	isini

2. Cumprimentos. Saudações. Despedidas

Oi!	გამარჯობა!	gamarjoba!
Olá!	გამარჯობათ!	gamarjobat!
Bom dia!	დილა მშვიდობისა!	dila mshvidobisa!
Boa tarde!	დღე მშვიდობისა!	dghe mshvidobisa!
Boa noite!	საღამო მშვიდობისა!	saghamo mshvidobisa!
cumprimentar (vt)	მისალმება	misalmeba
Oi!	სალამი!	salami!
saudação (f)	სალამი	salami
saudar (vt)	მისალმება	misalmeba
Tudo bem?	როგორ ხარ?	rogor khar?
E aí, novidades?	რა არის ახალი?	ra aris akhali?
Tchau! Até logo!	ნახვამდის!	nakhvamdis!
Até breve!	მომავალ შეხვედრამდე!	momaval shekhvedramde!
Adeus!	მშვიდობით!	mshvidobit!
despedir-se (dizer adeus)	გამომშვიდობება	gamomshvidobeba
Até mais!	კარგად!	k'argad!
Obrigado! -a!	გმადლობთ!	gmadlobt!
Muito obrigado! -a!	დიდი მადლობა!	didi madloba!
De nada	არაფრის	arapris
Não tem de quê	მადლობად არ ღირს	madlobad ar ghirs
Não foi nada!	არაფრის	arapris
Desculpa! -pe!	ბოდიში!	bodishi!
desculpar (vt)	პატიება	p'at'ieba
desculpar-se (vr)	ბოდიშის მოხდა	bodishis mokhda
Me desculpe	ბოდიში	bodishi
Desculpe!	მაპატიეთ!	map'at'iet!

perdoar (vt)	პატიება	p'at'ieba
Não faz mal	არა უშავს.	ara ushavs.
por favor	გეთაყვა	getaqva

Não se esqueça!	არ დაგავიწყდეთ!	ar dagavits'qdet!
Com certeza!	რა თქმა უნდა!	ra tkma unda!
Claro que não!	რა თქმა უნდა, არა!	ra tkma unda, ara!
Está bem! De acordo!	თანახმა ვარ!	tanakhma var!
Chega!	საკმარისია!	sak'marisia!

3. Números cardinais. Parte 1

zero	ნული	nuli
um	ერთი	erti
dois	ორი	ori
três	სამი	sami
quatro	ოთხი	otkhi

cinco	ხუთი	khuti
seis	ექვსი	ekvsi
sete	შვიდი	shvidi
oito	რვა	rva
nove	ცხრა	tskhra

dez	ათი	ati
onze	თერთმეტი	tertmet'i
doze	თორმეტი	tormet'i
treze	ცამეტი	tsamet'i
catorze	თოთხმეტი	totkhmet'i

quinze	თხუთმეტი	tkhutmet'i
dezesseis	თექვსმეტი	tekvsmet'i
dezessete	ჩვიდმეტი	chvidmet'i
dezoito	თვრამეტი	tvramet'i
dezenove	ცხრამეტი	tskhramet'i

vinte	ოცი	otsi
vinte e um	ოცდაერთი	otsdaerti
vinte e dois	ოცდაორი	otsdaori
vinte e três	ოცდასამი	otsdasami

trinta	ოცდაათი	otsdaati
trinta e um	ოცდათერთმეტი	otsdatertmet'i
trinta e dois	ოცდათორმეტი	otsdatormet'i
trinta e três	ოცდაცამეტი	otsdatsamet'i

quarenta	ორმოცი	ormotsi
quarenta e um	ორმოცდაერთი	ormotsdaerti
quarenta e dois	ორმოცდაორი	ormotsdaori
quarenta e três	ორმოცდასამი	ormotsdasami

cinquenta	ორმოცდაათი	ormotsdaati
cinquenta e um	ორმოცდათერთმეტი	ormotsdatertmet'i
cinquenta e dois	ორმოცდათორმეტი	ormotsdatormet'i

cinquenta e três	ორმოცდაცამეტი	ormotsdatsamet'i
sessenta	სამოცი	samotsi
sessenta e um	სამოცდაერთი	samotsdaerti
sessenta e dois	სამოცდაორი	samotsdaori
sessenta e três	სამოცდასამი	samotsdasami

setenta	სამოცდაათი	samotsdaati
setenta e um	სამოცდათერთმეტი	samotsdatertmet'i
setenta e dois	სამოცდათორმეტი	samotsdatormet'i
setenta e três	სამოცდაცამეტი	samotsdatsamet'i

oitenta	ოთხმოცი	otkhmotsi
oitenta e um	ოთხმოცდაერთი	otkhmotsdaerti
oitenta e dois	ოთხმოცდაორი	otkhmotsdaori
oitenta e três	ოთხმოცდასამი	otkhmotsdasami

noventa	ოთხმოცდაათი	otkhmotsdaati
noventa e um	ოთხმოცდათერთმეტი	otkhmotsdatertmet'i
noventa e dois	ოთხმოცდათორმეტი	otkhmotsdatormet'i
noventa e três	ოთხმოცდაცამეტი	otkhmotsdatsamet'i

4. Números cardinais. Parte 2

cem	ასი	asi
duzentos	ორასი	orasi
trezentos	სამასი	samasi
quatrocentos	ოთხასი	otkhasi
quinhentos	ხუთასი	khutasi

seiscentos	ექვსასი	ekvsasi
setecentos	შვიდასი	shvidasi
oitocentos	რვაასი	rvaasi
novecentos	ცხრაასი	tskhraasi

mil	ათასი	atasi
dois mil	ორი ათასი	ori atasi
três mil	სამი ათასი	sami atasi
dez mil	ათი ათასი	ati atasi
cem mil	ასი ათასი	asi atasi
um milhão	მილიონი	milioni
um bilhão	მილიარდი	miliardi

5. Números. Frações

fração (f)	წილადი	ts'iladi
um meio	ერთი მეორედი	erti meoredi
um terço	ერთი მესამედი	erti mesamedi
um quarto	ერთი მეოთხედი	erti meotkhedi
um oitavo	ერთი მერვედი	erti mervedi
um décimo	ერთი მეათედი	erti meatedi
dois terços	ორი მესამედი	ori mesamedi
três quartos	სამი მეოთხედი	sami meotkhedi

6. Números. Operações básicas

subtração (f)	გამოკლება	gamok'leba
subtrair (vi, vt)	გამოკლება	gamok'leba
divisão (f)	გაყოფა	gaqopa
dividir (vt)	გაყოფა	gaqopa
adição (f)	შეკრება	shek'reba
somar (vt)	შეკრება	shek'reba
adicionar (vt)	მიმატება	mimat'eba
multiplicação (f)	გამრავლება	gamravleba
multiplicar (vt)	გამრავლება	gamravleba

7. Números. Diversos

algarismo, dígito (m)	ციფრი	tsipri
número (m)	რიცხვი	ritskhvi
numeral (m)	რიცხვითი სახელი	ritskhviti sakheli
menos (m)	მინუსი	minusi
mais (m)	პლიუსი	p'liusi
fórmula (f)	ფორმულა	pormula
cálculo (m)	გამოანგარიშება	gamoangarisheba
contar (vt)	დათვლა	datvla
calcular (vt)	დათვლა	datvla
comparar (vt)	შედარება	shedareba
Quanto, -os, -as?	რამდენი?	ramdeni?
soma (f)	ჯამი	jami
resultado (m)	შედეგი	shedegi
resto (m)	ნაშთი	nashti
alguns, algumas ...	რამდენიმე	ramdenime
pouco (~ tempo)	ცოტაოდენი ...	tsot'aodeni ...
resto (m)	დანარჩენი	danarcheni
um e meio	ერთ-ნახევარი	ert-nakhevari
dúzia (f)	დუჯინი	duzhini
ao meio	შუაზე	shuaze
em partes iguais	თანაბრად	tanabrad
metade (f)	ნახევარი	nakhevari
vez (f)	ჯერ	jer

8. Os verbos mais importantes. Parte 1

abrir (vt)	გაღება	gagheba
acabar, terminar (vt)	დამთავრება	damtavreba
aconselhar (vt)	რჩევა	rcheva
adivinhar (vt)	გამოცნობა	gamotsnoba
advertir (vt)	გაფრთხილება	gaprtkhileba
ajudar (vt)	დახმარება	dakhmareba

15

almoçar (vi)	სადილობა	sadiloba
alugar (~ um apartamento)	დაქირავება	dakiraveba
amar (pessoa)	სიყვარული	siqvaruli
ameaçar (vt)	დამუქრება	damukreba

anotar (escrever)	ჩაწერა	chats'era
apressar-se (vr)	აჩქარება	achkareba
arrepender-se (vr)	სინანული	sinanuli
assinar (vt)	ხელის მოწერა	khelis mots'era
brincar (vi)	ხუმრობა	khumroba

brincar, jogar (vi, vt)	თამაში	tamashi
buscar (vt)	ძებნა	dzebna
caçar (vi)	ნადირობა	nadiroba
cair (vi)	ვარდნა	vardna
cavar (vt)	თხრა	tkhra
chamar (~ por socorro)	დაძახება	dadzakheba

chegar (vi)	ჩამოსვლა	chamosvla
chorar (vi)	ტირილი	t'irili
começar (vt)	დაწყება	dats'qeba
comparar (vt)	შედარება	shedareba
concordar (dizer "sim")	დათანხმება	datankhmeba

confiar (vt)	ნდობა	ndoba
confundir (equivocar-se)	არევა	areva
conhecer (vt)	ცნობა	tsnoba
contar (fazer contas)	დათვლა	datvla
contar com …	იმედის კონა	imedis kona
continuar (vt)	გაგრძელება	gagrdzeleba

controlar (vt)	კონტროლის გაწევა	k'ont'rolis gats'eva
convidar (vt)	მოწვევა	mots'veva
correr (vi)	გაქცევა	gaktseva
criar (vt)	შექმნა	shekmna
custar (vt)	ღირება	ghireba

9. Os verbos mais importantes. Parte 2

dar (vt)	მიცემა	mitsema
dar uma dica	კარნახი	k'arnakhi
decorar (enfeitar)	მორთვა	mortva
defender (vt)	დაცვა	datsva
deixar cair (vt)	ხელიდან გავარდნა	khelidan gavardna

descer (para baixo)	ჩასვლა	chasvla
desculpar-se (vr)	ბოდიშის მოხდა	bodishis mokhda
dirigir (~ uma empresa)	ხელმძღვანელობა	khelmdzghvaneloba
discutir (notícias, etc.)	განხილვა	gankhilva

disparar, atirar (vi)	სროლა	srola
dizer (vt)	თქმა	tkma
duvidar (vt)	დაეჭვება	daech'veba
encontrar (achar)	პოვნა	p'ovna

enganar (vt)	მოტყუება	mot'queba
entender (vt)	გაგება	gageba
entrar (na sala, etc.)	შემოსვლა	shemosvla
enviar (uma carta)	გაგზავნა	gagzavna
errar (enganar-se)	შეცდომა	shetsdoma
escolher (vt)	არჩევა	archeva
esconder (vt)	დამალვა	damalva
escrever (vt)	წერა	ts'era
esperar (aguardar)	ლოდინი	lodini
esperar (ter esperança)	იმედოვნება	imedovneba
esquecer (vt)	დავიწყება	davits'qeba
estudar (vt)	შესწავლა	shests'avla
exigir (vt)	მოთხოვნა	motkhovna
existir (vi)	არსებობა	arseboba
explicar (vt)	ახსნა	akhsna
falar (vi)	ლაპარაკი	lap'arak'i
faltar (a la escuela, etc.)	გაცდენა	gatsdena
fazer (vt)	კეთება	k'eteba
ficar em silêncio	დუმილი	dumili
gabar-se (vr)	ტრაბახი	t'rabakhi
gostar (apreciar)	მოწონება	mots'oneba
gritar (vi)	ყვირილი	qvirili
guardar (fotos, etc.)	შენახვა	shenakhva
informar (vt)	ინფორმირება	inpormireba
insistir (vi)	დაჟინება	dazhineba
insultar (vt)	შეურაცხყოფა	sheuratskhqopa
interessar-se (vr)	დაინტერესება	daint'ereseba
ir (a pé)	სვლა	svla
ir nadar	ბანაობა	banaoba
jantar (vi)	ვახშმობა	vakhshmoba

10. Os verbos mais importantes. Parte 3

ler (vt)	კითხვა	k'itkhva
libertar, liberar (vt)	გათავისუფლება	gatavisupleba
matar (vt)	მოკვლა	mok'vla
mencionar (vt)	ხსენება	khseneba
mostrar (vt)	ჩვენება	chveneba
mudar (modificar)	შეცვლა	shetsvla
nadar (vi)	ცურვა	tsurva
negar-se a ... (vr)	უარის თქმა	uaris tkma
objetar (vt)	წინააღმდეგ ყოფნა	ts'inaaghmdeg qopna
observar (vt)	დაკვირვება	dak'virveba
ordenar (mil.)	ბრძანება	brdzaneba
ouvir (vt)	სმენა	smena
pagar (vt)	გადახდა	gadakhda
parar (vi)	გაჩერება	gachereba

parar, cessar (vt)	შეწყვეტა	shets'qvet'a
participar (vi)	მონაწილეობა	monats'ileoba
pedir (comida, etc.)	შეკვეთა	shek'veta
pedir (um favor, etc.)	თხოვნა	tkhovna
pegar (tomar)	აღება	agheba

pegar (uma bola)	ჭერა	ch'era
pensar (vi, vt)	ფიქრი	pikri
perceber (ver)	შენიშვნა	shenishvna
perdoar (vt)	პატიება	p'at'ieba
perguntar (vt)	კითხვა	k'itkhva

permitir (vt)	ნების დართვა	nebis dartva
pertencer a … (vi)	კუთვნება	k'utvneba
planejar (vt)	დაგეგმვა	dagegmva
poder (~ fazer algo)	შეძლება	shedzleba
possuir (uma casa, etc.)	ფლობა	ploba

preferir (vt)	მჯობინება	mjobineba
preparar (vt)	მზადება	mzadeba
prever (vt)	გათვალისწინება	gatvalists'ineba
prometer (vt)	დაპირება	dap'ireba
pronunciar (vt)	წარმოთქმა	ts'armotkma

propor (vt)	შეთავაზება	shetavazeba
punir (castigar)	დასჯა	dasja
quebrar (vt)	ტეხა	t'ekha
queixar-se de …	ჩივილი	chivili
querer (desejar)	ნდომა	ndoma

11. Os verbos mais importantes. Parte 4

ralhar, repreender (vt)	ლანძღვა	landzghva
recomendar (vt)	რეკომენდაციის მიცემა	rek'omendatsiis mitsema
repetir (dizer outra vez)	გამეორება	gameoreba
reservar (~ um quarto)	რეზერვირება	rezervireba
responder (vt)	პასუხის გაცემა	p'asukhis gatsema

rezar, orar (vi)	ლოცვა	lotsva
rir (vi)	სიცილი	sitsili
roubar (vt)	პარვა	p'arva
saber (vt)	ცოდნა	tsodna
sair (~ de casa)	გამოსვლა	gamosvla

salvar (resgatar)	გადარჩენა	gadarchena
seguir (~ alguém)	მიდევნა	midevna
sentar-se (vr)	დაჯდომა	dajdoma
ser necessário	საჭიროება	sach'iroeba

ser, estar	ყოფნა	qopna
significar (vt)	აღნიშვნა	aghnishvna
sorrir (vi)	გაღიმება	gaghimeba
subestimar (vt)	არშეფასება	arshepaseba
surpreender-se (vr)	გაკვირვება	gak'virveba

tentar (~ fazer)	ცდა	tsda
ter (anim.)	ყოლა	qola
ter (inanim.)	ქონა	kona

ter medo	შიში	shishi
tocar (com as mãos)	ხელის ხლება	khelis khleba
tomar café da manhã	საუზმობა	sauzmoba
trabalhar (vi)	მუშაობა	mushaoba
traduzir (vt)	თარგმნა	targmna

unir (vt)	გაერთიანება	gaertianeba
vender (vt)	გაყიდვა	gaqidva
ver (vt)	ხედვა	khedva
virar (~ para a direita)	მობრუნება	mobruneba
voar (vi)	ფრენა	prena

12. Cores

cor (f)	ფერი	peri
tom (m)	ელფერი	elperi
tonalidade (m)	ტონი	t'oni
arco-íris (m)	ცისარტყელა	tsisart'qela

branco (adj)	თეთრი	tetri
preto (adj)	შავი	shavi
cinza (adj)	რუხი	rukhi

verde (adj)	მწვანე	mts'vane
amarelo (adj)	ყვითელი	qviteli
vermelho (adj)	წითელი	ts'iteli

azul (adj)	ლურჯი	lurji
azul claro (adj)	ცისფერი	tsisperi
rosa (adj)	ვარდისფერი	vardisperi
laranja (adj)	ნარინჯისფერი	narinjisperi
violeta (adj)	იისფერი	iisperi
marrom (adj)	ყავისფერი	qavisperi

dourado (adj)	ოქროსფერი	okrosperi
prateado (adj)	ვერცხლისფერი	vertskhlisperi

bege (adj)	ჩალისფერი	chalisperi
creme (adj)	კრემისფერი	k'remisperi
turquesa (adj)	ფირუზისფერი	piruzisperi
vermelho cereja (adj)	ალუბლისფერი	alublisperi
lilás (adj)	ლილისფერი	lilisperi
carmim (adj)	ჟოლოსფერი	zholosperi

claro (adj)	ღია ფერისა	ghia perisa
escuro (adj)	მუქი	muki
vivo (adj)	კაშკაშა	k'ashk'asha

de cor	ფერადი	peradi
a cores	ფერადი	peradi

preto e branco (adj)	შავ-თეთრი	shav-tetri
unicolor (de uma só cor)	ერთფეროვანი	ertperovani
multicolor (adj)	მრავალფეროვანი	mravalperovani

13. Questões

Quem?	ვინ?	vin?
O que?	რა?	ra?
Onde?	სად?	sad?
Para onde?	სად?	sad?
De onde?	საიდან?	saidan?
Quando?	როდის?	rodis?
Para quê?	რისთვის?	ristvis?
Por quê?	რატომ?	rat'om?

Para quê?	რისთვის?	ristvis?
Como?	როგორ?	rogor?
Qual (~ é o problema?)	როგორი?	rogori?
Qual (~ deles?)	რომელი?	romeli?

A quem?	ვის?	vis?
De quem?	ვისგან?	vize?
Do quê?	რაზე?	raze?
Com quem?	ვისთან ერთად?	vistan ertad?

| Quanto, -os, -as? | რამდენი? | ramdeni? |
| De quem? (masc.) | ვისი? | visi? |

14. Palavras funcionais. Advérbios. Parte 1

Onde?	სად?	sad?
aqui	აქ	ak
lá, ali	იქ	ik

| em algum lugar | სადღაც | sadghats |
| em lugar nenhum | არსად | arsad |

| perto de ... | -თან | -tan |
| perto da janela | ფანჯარასთან | panjarastan |

Para onde?	სად?	sad?
aqui	აქ	ak
para lá	იქ	ik
daqui	აქედან	akedan
de lá, dali	იქიდან	ikidan

| perto | ახლოს | akhlos |
| longe | შორს | shors |

perto de ...	გვერდით	gverdit
à mão, perto	გვერდით	gverdit
não fica longe	ახლო	akhlo

esquerdo (adj)	მარცხენა	martskhena
à esquerda	მარცხნივ	martskhniv
para a esquerda	მარცხნივ	martskhniv

direito (adj)	მარჯვენა	marjvena
à direita	მარჯვნივ	marjvniv
para a direita	მარჯვნივ	marjvniv

em frente	წინ	ts'in
da frente	წინა	ts'ina
adiante (para a frente)	წინ	ts'in

atrás de …	უკან	uk'an
de trás	უკნიდან	uk'nidan
para trás	უკან	uk'an

meio (m), metade (f)	შუა	shua
no meio	შუაში	shuashi

do lado	გვერდიდან	gverdidan
em todo lugar	ყველგან	qvelgan
por todos os lados	გარშემო	garshemo

de dentro	შიგნიდან	shignidan
para algum lugar	სადღაც	sadghats
diretamente	პირდაპირ	p'irdap'ir
de volta	უკან	uk'an

de algum lugar	საიდანმე	saidanme
de algum lugar	საიდანღაც	saidanghats

em primeiro lugar	პირველ რიგში	p'irvel rigshi
em segundo lugar	მეორედ	meored
em terceiro lugar	მესამედ	mesamed

de repente	უცებ	utseb
no início	თავდაპირველად	tavdap'irvelad
pela primeira vez	პირველად	p'irvelad
muito antes de …	დიდი ხნით ადრე	didi khnit adre
de novo	ხელახლა	khelakhla
para sempre	სამუდამოდ	samudamod

nunca	არასდროს	arasdros
de novo	ისევ	isev
agora	ახლა	akhla
frequentemente	ხშირად	khshirad
então	მაშინ	mashin
urgentemente	სასწრაფოდ	sasts'rapod
normalmente	ჩვეულებრივად	chveulebrivad

a propósito, …	სხვათა შორის	skhvata shoris
é possível	შესაძლოა	shesadzloa
provavelmente	ალბათ	albat
talvez	შეიძლება	sheidzleba
além disso, …	ამას გარდა, …	amas garda, …
por isso …	ამიტომ	amit'om

apesar de ...	მიუხედავად	miukhedavad
graças a ...	წყალობით	ts'qalobit

que (pron.)	რა	ra
que (conj.)	რომ	rom
algo	რაღაც	raghats
alguma coisa	რაიმე	raime
nada	არაფერი	araperi

quem	ვინ	vin
alguém (~ que ...)	ვიღაც	vighats
alguém (com ~)	ვინმე	vinme

ninguém	არავინ	aravin
para lugar nenhum	არსად	arsad
de ninguém	არავისი	aravisi
de alguém	ვინმესი	vinmesi

tão	ასე	ase
também (gostaria ~ de ...)	აგრეთვე	agretve
também (~ eu)	-ც	-ts

15. Palavras funcionais. Advérbios. Parte 2

Por quê?	რატომ?	rat'om?
por alguma razão	რატომღაც	rat'omghats
porque ...	იმიტომ, რომ ...	imit'om, rom ...
por qualquer razão	რატომღაც	rat'omghats

e (tu ~ eu)	და	da
ou (ser ~ não ser)	ან	an
mas (porém)	მაგრამ	magram
para (~ a minha mãe)	-თვის	-tvis

muito, demais	მეტისმეტად	met'ismet'ad
só, somente	მხოლოდ	mkholod
exatamente	ზუსტად	zust'ad
cerca de (~ 10 kg)	თითქმის	titkmis

aproximadamente	დააახლოებით	daakhloebit
aproximado (adj)	დააახლოებითი	daakhloebiti
quase	თითქმის	titkmis
resto (m)	დანარჩენი	danarcheni

cada (adj)	ყოველი	qoveli
qualquer (adj)	ნებისმიერი	nebismieri
muito, muitos, muitas	ბევრი	bevri
muitas pessoas	ბევრნი	bevrni
todos	ყველა	qvela

em troca de ...	ნაცვლად	natsvlad
em troca	ნაცვლად	natsvlad
à mão	ხელით	khelit
pouco provável	საეჭვოა	saech'voa

provavelmente	ალბათ	albat
de propósito	განზრახ	ganzrakh
por acidente	შემთხვევით	shemtkhvevit

muito	ძალიან	dzalian
por exemplo	მაგალითად	magalitad
entre	შორის	shoris
entre (no meio de)	შორის	shoris
tanto	ამდენი	amdeni
especialmente	განსაკუთრებით	gansak'utrebit

Conceitos básicos. Parte 2

16. Opostos

rico (adj)	მდიდარი	mdidari
pobre (adj)	ღარიბი	gharibi
doente (adj)	ავადმყოფი	avadmqopi
bem (adj)	ჯანმრთელი	janmrteli
grande (adj)	დიდი	didi
pequeno (adj)	პატარა	p'at'ara
rapidamente	სწრაფად	sts'rapad
lentamente	ნელა	nela
rápido (adj)	სწრაფი	sts'rapi
lento (adj)	ნელი	neli
alegre (adj)	მხიარული	mkhiaruli
triste (adj)	სევდიანი	sevdiani
juntos (ir ~)	ერთად	ertad
separadamente	ცალ-ცალკე	tsal-tsalk'e
em voz alta (ler ~)	ხმამაღლა	khmamaghla
para si (em silêncio)	თავისთვის	tavistvis
alto (adj)	მაღალი	maghali
baixo (adj)	დაბალი	dabali
profundo (adj)	ღრმა	ghrma
raso (adj)	წყალმცირე	ts'qalmtsire
sim	დიახ	diakh
não	არა	ara
distante (adj)	შორეული	shoreuli
próximo (adj)	ახლო	akhlo
longe	შორს	shors
à mão, perto	ახლოს	akhlos
longo (adj)	გრძელი	grdzeli
curto (adj)	მოკლე	mok'le
bom (bondoso)	კეთილი	k'etili
mal (adj)	ბოროტი	borot'i
casado (adj)	ცოლიანი	tsoliani

solteiro (adj)	უცოლო	utsolo
proibir (vt)	აკრძალვა	ak'rdzalva
permitir (vt)	ნების დართვა	nebis dartva
fim (m)	ბოლო	bolo
início (m)	დასაწყისი	dasats'qisi
esquerdo (adj)	მარცხენა	martskhena
direito (adj)	მარჯვენა	marjvena
primeiro (adj)	პირველი	p'irveli
último (adj)	ბოლო	bolo
crime (m)	დანაშაული	danashauli
castigo (m)	სასჯელი	sasjeli
ordenar (vt)	ბრძანება	brdzaneba
obedecer (vt)	დამორჩილება	damorchileba
reto (adj)	სწორი	sts'ori
curvo (adj)	მრუდი	mrudi
paraíso (m)	სამოთხე	samotkhe
inferno (m)	ჯოჯოხეთი	jojokheti
nascer (vi)	დაბადება	dabadeba
morrer (vi)	მოკვდომა	mok'vdoma
forte (adj)	ძლიერი	dzlieri
fraco, débil (adj)	სუსტი	sust'i
velho, idoso (adj)	ძველი	dzveli
jovem (adj)	ახალგაზრდა	akhalgazrda
velho (adj)	ძველი	dzveli
novo (adj)	ახალი	akhali
duro (adj)	მაგარი	magari
macio (adj)	რბილი	rbili
quente (adj)	თბილი	tbili
frio (adj)	ცივი	tsivi
gordo (adj)	მსუქანი	msukani
magro (adj)	გამხდარი	gamkhdari
estreito (adj)	ვიწრო	vits'ro
largo (adj)	განიერი	ganieri
bom (adj)	კარგი	k'argi
mau (adj)	ცუდი	tsudi
valente, corajoso (adj)	მამაცი	mamatsi
covarde (adj)	მშიშარა	mshishara

17. Dias da semana

segunda-feira (f)	ორშაბათი	orshabati
terça-feira (f)	სამშაბათი	samshabati
quarta-feira (f)	ოთხშაბათი	otkhshabati
quinta-feira (f)	ხუთშაბათი	khutshabati
sexta-feira (f)	პარასკევი	p'arask'evi
sábado (m)	შაბათი	shabati
domingo (m)	კვირა	k'vira
hoje	დღეს	dghes
amanhã	ხვალ	khval
depois de amanhã	ზეგ	zeg
ontem	გუშინ	gushin
anteontem	გუშინწინ	gushints'in
dia (m)	დღე	dghe
dia (m) de trabalho	სამუშაო დღე	samushao dghe
feriado (m)	სადღესასწაულო დღე	sadghesasts'aulo dghe
dia (m) de folga	დასვენების დღე	dasvenebis dghe
fim (m) de semana	დასვენების დღეები	dasvenebis dgheebi
o dia todo	მთელი დღე	mteli dghe
no dia seguinte	მომდევნო დღეს	momdevno dghes
há dois dias	ორი დღის წინ	ori dghis ts'in
na véspera	წინადღეს	ts'inadghes
diário (adj)	ყოველდღიური	qoveldghiuri
todos os dias	ყოველდღიურად	qoveldghiurad
semana (f)	კვირა	k'vira
na semana passada	გასულ კვირას	gasul k'viras
semana que vem	მომდევნო კვირას	momdevno k'viras
semanal (adj)	ყოველკვირეული	qovelk'vireuli
toda semana	ყოველკვირეულად	qovelk'vireulad
duas vezes por semana	კვირაში ორჯერ	k'virashi orjer
toda terça-feira	ყოველ სამშაბათს	qovel samshabats

18. Horas. Dia e noite

manhã (f)	დილა	dila
de manhã	დილით	dilit
meio-dia (m)	შუადღე	shuadghe
à tarde	სადილის შემდეგ	sadilis shemdeg
tardinha (f)	საღამო	saghamo
à tardinha	საღამოს	saghamos
noite (f)	ღამე	ghame
à noite	ღამით	ghamit
meia-noite (f)	შუაღამე	shuaghame
segundo (m)	წამი	ts'ami
minuto (m)	წუთი	ts'uti
hora (f)	საათი	saati

meia hora (f)	ნახევარი საათი	nakhevari saati
quarto (m) de hora	თხუთმეტი წუთი	tkhutmet'i ts'uti
quinze minutos	თხუთმეტი წუთი	tkhutmet'i ts'uti
vinte e quatro horas	დღე-ღამე	dghe-ghame
nascer (m) do sol	მზის ამოსვლა	mzis amosvla
amanhecer (m)	განთიადი	gantiadi
madrugada (f)	ადრიანი დილა	adriani dila
pôr-do-sol (m)	მზის ჩასვლა	mzis chasvla
de madrugada	დილით ადრე	dilit adre
esta manhã	დღეს დილით	dghes dilit
amanhã de manhã	ხვალ დილით	khval dilit
esta tarde	დღეს	dghes
à tarde	სადილის შემდეგ	sadilis shemdeg
amanhã à tarde	ხვალ სადილის შემდეგ	khval sadilis shemdeg
esta noite, hoje à noite	დღეს საღამოს	dghes saghamos
amanhã à noite	ხვალ საღამოს	khval saghamos
às três horas em ponto	ზუსტად სამ საათზე	zust'ad sam saatze
por volta das quatro	დაახლოებით ოთხი საათი	daakhloebit otkhi saati
às doze	თორმეტი საათისთვის	tormet'i saatistvis
em vinte minutos	ოც წუთში	ots ts'utshi
em uma hora	ერთ საათში	ert saatshi
a tempo	დროულად	droulad
... um quarto para	თხუთმეტი წუთი აკლია	tkhutmet'i ts'uti ak'lia
dentro de uma hora	საათის განმავლობაში	saatis ganmavlobashi
a cada quinze minutos	ყოველ თხუთმეტ წუთში	qovel tkhutmet' ts'utshi
as vinte e quatro horas	დღე-ღამის განმავლობაში	dghe-ghamis ganmavlobashi

19. Meses. Estações

janeiro (m)	იანვარი	ianvari
fevereiro (m)	თებერვალი	tebervali
março (m)	მარტი	mart'i
abril (m)	აპრილი	ap'rili
maio (m)	მაისი	maisi
junho (m)	ივნისი	ivnisi
julho (m)	ივლისი	ivlisi
agosto (m)	აგვისტო	agvist'o
setembro (m)	სექტემბერი	sekt'emberi
outubro (m)	ოქტომბერი	okt'omberi
novembro (m)	ნოემბერი	noemberi
dezembro (m)	დეკემბერი	dek'emberi
primavera (f)	გაზაფხული	gazapkhuli
na primavera	გაზაფხულზე	gazapkhulze
primaveril (adj)	გაზაფხულისა	gazapkhulisa
verão (m)	ზაფხული	zapkhuli

no verão	ზაფხულში	zapkhulshi
de verão	ზაფხულისა	zapkhulisa
outono (m)	შემოდგომა	shemodgoma
no outono	შემოდგომაზე	shemodgomaze
outonal (adj)	შემოდგომისა	shemodgomisa
inverno (m)	ზამთარი	zamtari
no inverno	ზამთარში	zamtarshi
de inverno	ზამთრის	zamtris
mês (m)	თვე	tve
este mês	ამ თვეში	am tveshi
mês que vem	მომდევნო თვეს	momdevno tves
no mês passado	გასულ თვეს	gasul tves
um mês atrás	ერთი თვის წინ	erti tvis ts'in
em um mês	ერთი თვის შემდეგ	erti tvis shemdeg
em dois meses	ორი თვის შემდეგ	ori tvis shemdeg
todo o mês	მთელი თვე	mteli tve
um mês inteiro	მთელი თვე	mteli tve
mensal (adj)	ყოველთვიური	qoveltviuri
mensalmente	ყოველთვიურად	qoveltviurad
todo mês	ყოველ თვე	qovel tve
duas vezes por mês	თვეში ორჯერ	tveshi orjer
ano (m)	წელი	ts'eli
este ano	წელს	ts'els
ano que vem	მომავალ წელს	momaval ts'els
no ano passado	შარშან	sharshan
há um ano	ერთი წლის წინ	erti ts'lis ts'in
em um ano	ერთი წლის შემდეგ	erti ts'lis shemdeg
dentro de dois anos	ორი წლის შემდეგ	ori ts'lis shemdeg
todo o ano	მთელი წელი	mteli ts'eli
um ano inteiro	მთელი წელი	mteli ts'eli
cada ano	ყოველ წელს	qovel ts'els
anual (adj)	ყოველწლიური	qovelts'liuri
anualmente	ყოველწლიურად	qovelts'liurad
quatro vezes por ano	წელიწადში ოთხჯერ	ts'elits'adshi otkhjer
data (~ de hoje)	რიცხვი	ritskhvi
data (ex. ~ de nascimento)	თარიღი	tarighi
calendário (m)	კალენდარი	k'alendari
meio ano	ნახევარი წელი	nakhevari ts'eli
seis meses	ნახევარწელი	nakhevarts'eli
estação (f)	სეზონი	sezoni
século (m)	საუკუნე	sauk'une

20. Tempo. Diversos

tempo (m)	დრო	dro
momento (m)	წამი	ts'ami

instante (m)	წამი	ts'ami
instantâneo (adj)	წამიერი	ts'amieri
lapso (m) de tempo	მონაკვეთი	monak'veti
vida (f)	სიცოცხლე	sitsotskhle
eternidade (f)	მარადისობა	maradisoba

época (f)	ეპოქა	ep'oka
era (f)	ერა	era
ciclo (m)	ციკლი	tsik'li
período (m)	პერიოდი	p'eriodi
prazo (m)	ვადა	vada

futuro (m)	მომავალი	momavali
futuro (adj)	მომავალი	momavali
da próxima vez	შემდგომში	shemdgomshi
passado (m)	წარსული	ts'arsuli
passado (adj)	წარსული	ts'arsuli
na última vez	ამას წინათ	amas ts'inat
mais tarde	მოგვიანებით	mogvianebit
depois de ...	შემდეგ	shemdeg
atualmente	ამჟამად	amzhamad
agora	ახლა	akhla
imediatamente	დაუყოვნებლივ	dauqovnebliv
em breve	მალე	male
de antemão	წინასწარ	ts'inasts'ar

há muito tempo	დიდი ხნის წინ	didi khnis ts'in
recentemente	ახლახან	akhlakhan
destino (m)	ბედი	bedi
recordações (f pl)	მეხსიერება	mekhsiereba
arquivo (m)	არქივი	arkivi
durante ...	... დროს	... dros
durante muito tempo	დიდხანს	didkhans
pouco tempo	ცოტა ხანს	tsot'a khans
cedo (levantar-se ~)	ადრე	adre
tarde (deitar-se ~)	გვიან	gvian

para sempre	სამუდამოდ	samudamod
começar (vt)	დაწყება	dats'qeba
adiar (vt)	გადატანა	gadat'ana

ao mesmo tempo	ერთდროულად	ertdroulad
permanentemente	მუდმივად	mudmivad
constante (~ ruído, etc.)	მუდმივი	mudmivi
temporário (adj)	დროებითი	droebiti

às vezes	ზოგჯერ	zogjer
raras vezes, raramente	იშვიათად	ishviatad
frequentemente	ხშირად	khshirad

21. Linhas e formas

quadrado (m)	კვადრატი	k'vadrat'i
quadrado (adj)	კვადრატული	k'vadrat'uli

círculo (m)	წრე	ts're
redondo (adj)	მრგვალი	mrgvali
triângulo (m)	სამკუთხედი	samk'utkhedi
triangular (adj)	სამკუთხა	samk'utkha

oval (f)	ოვალი	ovali
oval (adj)	ოვალური	ovaluri
retângulo (m)	მართკუთხედი	martk'utkhedi
retangular (adj)	მართკუთხა	martk'utkha

pirâmide (f)	პირამიდა	p'iramida
losango (m)	რომბი	rombi
trapézio (m)	ტრაპეცია	t'rap'etsia
cubo (m)	კუბი	k'ubi
prisma (m)	პრიზმა	p'rizma

circunferência (f)	წრებახი	ts'rekhazi
esfera (f)	სფერო	spero
globo (m)	სფერო	spero
diâmetro (m)	დიამეტრი	diamet'ri
raio (m)	რადიუსი	radiusi
perímetro (m)	პერიმეტრი	p'erimet'ri
centro (m)	ცენტრი	tsent'ri

horizontal (adj)	ჰორიზონტალური	horizont'aluri
vertical (adj)	ვერტიკალური	vert'ik'aluri
paralela (f)	პარარელი	p'arareli
paralelo (adj)	პარალელური	p'araleluri

linha (f)	ხაზი	khazi
traço (m)	ხაზი	khazi
reta (f)	წრფე	ts'rpe
curva (f)	მრუდი	mrudi
fino (linha ~a)	თხელი	tkheli
contorno (m)	კონტური	k'ont'uri

interseção (f)	გადაკვეთა	gadak'veta
ângulo (m) reto	მართი კუთხე	marti k'utkhe
segmento (m)	სეგმენტი	segment'i
setor (m)	სექტორი	sekt'ori
lado (de um triângulo, etc.)	გვერდი	gverdi
ângulo (m)	კუთხე	k'utkhe

22. Unidades de medida

peso (m)	წონა	ts'ona
comprimento (m)	სიგრძე	sigrdze
largura (f)	სიგანე	sigane
altura (f)	სიმაღლე	simaghle
profundidade (f)	სიღრმე	sighrme
volume (m)	მოცულობა	motsuloba
área (f)	ფართობი	partobi
grama (m)	გრამი	grami
miligrama (m)	მილიგრამი	miligrami

quilograma (m)	კილოგრამი	k'ilogrami
tonelada (f)	ტონა	t'ona
libra (453,6 gramas)	გირვანქა	girvanka
onça (f)	უნცია	untsia
metro (m)	მეტრი	met'ri
milímetro (m)	მილიმეტრი	milimet'ri
centímetro (m)	სანტიმეტრი	sant'imet'ri
quilômetro (m)	კილომეტრი	k'ilomet'ri
milha (f)	მილი	mili
polegada (f)	დუიმი	duimi
pé (304,74 mm)	ფუტი	put'i
jarda (914,383 mm)	იარდი	iardi
metro (m) quadrado	კვადრატული მეტრი	k'vadrat'uli met'ri
hectare (m)	ჰექტარი	hek't'ari
litro (m)	ლიტრი	lit'ri
grau (m)	გრადუსი	gradusi
volt (m)	ვოლტი	volt'i
ampère (m)	ამპერი	amp'eri
cavalo (m) de potência	ცხენის ძალა	tskhenis dzala
quantidade (f)	რაოდენობა	raodenoba
um pouco de ...	ცოტაოდენი ...	tsot'aodeni ...
metade (f)	ნახევარი	nakhevari
dúzia (f)	დუჟინი	duzhini
peça (f)	ცალი	tsali
tamanho (m), dimensão (f)	ზომა	zoma
escala (f)	მასშტაბი	massht'abi
mínimo (adj)	მინიმალური	minimaluri
menor, mais pequeno	უმცირესი	umtsiresi
médio (adj)	საშუალო	sashualo
máximo (adj)	მაქსიმალური	maksimaluri
maior, mais grande	უდიდესი	udidesi

23. Recipientes

pote (m) de vidro	ქილა	kila
lata (~ de cerveja)	ქილა	kila
balde (m)	ვედრო	vedro
barril (m)	კასრი	k'asri
bacia (~ de plástico)	ტაშტი	t'asht'i
tanque (m)	ბაკი	bak'i
cantil (m) de bolso	მათარა	matara
galão (m) de gasolina	კანისტრა	k'anist'ra
cisterna (f)	ცისტერნა	tsist'erna
caneca (f)	კათხა	k'atkha
xícara (f)	ფინჯანი	pinjani

pires (m)	ლამბაქი	lambaki
copo (m)	ჭიქა	ch'ika
taça (f) de vinho	ბოკალი	bok'ali
panela (f)	ქვაბი	kvabi

garrafa (f)	ბოთლი	botli
gargalo (m)	ყელი	qeli

jarra (f)	გრაფინი	grapini
jarro (m)	დოქი	doki
recipiente (m)	ჭურჭელი	ch'urch'eli
pote (m)	ქოთანი	kotani
vaso (m)	ლარნაკი	larnak'i

frasco (~ de perfume)	ფლაკონი	plak'oni
frasquinho (m)	შუშა	shusha
tubo (m)	ტუბი	t'ubi

saco (ex. ~ de açúcar)	ტომარა	t'omara
sacola (~ plastica)	პაკეტი	p'ak'et'i
maço (de cigarros, etc.)	შეკვრა	shek'vra

caixa (~ de sapatos, etc.)	კოლოფი	k'olopi
caixote (~ de madeira)	ყუთი	quti
cesto (m)	კალათი	k'alati

24. Materiais

material (m)	მასალა	masala
madeira (f)	ხე	khe
de madeira	ხისა	khisa

vidro (m)	მინა	mina
de vidro	მინისა	minisa

pedra (f)	ქვა	kva
de pedra	ქვისა	kvisa

plástico (m)	პლასტიკი	p'last'ik'i
plástico (adj)	პლასტმასისა	p'last'masisa

borracha (f)	რეზინი	rezini
de borracha	რეზინისა	rezinisa

tecido, pano (m)	ქსოვილი	ksovili
de tecido	ქსოვილისგან	ksovilisgan

papel (m)	ქაღალდი	kaghaldi
de papel	ქაღალდისა	kaghaldisa

papelão (m)	მუყაო	muqao
de papelão	მუყაოსი	muqaosi
polietileno (m)	პოლიეთილენი	p'olietileni
celofane (m)	ცელოფანი	tselopani

linóleo (m)	ლინოლეუმი	linoleumi
madeira (f) compensada	ფანერა	panera

porcelana (f)	ფაიფური	paipuri
de porcelana	ფაიფურისა	paipurisa
argila (f), barro (m)	თიხა	tikha
de barro	თიხისა	tikhisa
cerâmica (f)	კერამიკა	k'eramik'a
de cerâmica	კერამიკისა	k'eramik'isa

25. Metais

metal (m)	ლითონი	litoni
metálico (adj)	ლითონისა	litonisa
liga (f)	შენადნობი	shenadnobi

ouro (m)	ოქრო	okro
de ouro	ოქროს	okros
prata (f)	ვერცხლი	vertskhli
de prata	ვერცხლისა	vertskhlisa

ferro (m)	რკინა	rk'ina
de ferro	რკინისა	rk'inisa
aço (m)	ფოლადი	poladi
de aço (adj)	ფოლადისა	poladisa
cobre (m)	სპილენძი	sp'ilendzi
de cobre	სპილენძისა	sp'ilendzisa

alumínio (m)	ალუმინი	alumini
de alumínio	ალუმინისა	aluminisa
bronze (m)	ბრინჯაო	brinjao
de bronze	ბრინჯაოსი	brinjaosi

latão (m)	თითბერი	titberi
níquel (m)	ნიკელი	nik'eli
platina (f)	პლატინა	p'lat'ina
mercúrio (m)	ვერცხლისწყალი	vertskhlists'qali
estanho (m)	კალა	k'ala
chumbo (m)	ტყვია	t'qvia
zinco (m)	თუთია	tutia

O SER HUMANO

O ser humano. O corpo

26. Humanos. Conceitos básicos

ser (m) humano	ადამიანი	adamiani
homem (m)	კაცი	k'atsi
mulher (f)	ქალი	kali
criança (f)	ბავშვი	bavshvi
menina (f)	გოგო	gogo
menino (m)	ბიჭი	bich'i
adolescente (m)	მოზარდი	mozardi
velho (m)	მოხუცი	mokhutsi
velha (f)	დედაბერი	dedaberi

27. Anatomia humana

organismo (m)	ორგანიზმი	organizmi
coração (m)	გული	guli
sangue (m)	სისხლი	siskhli
artéria (f)	არტერია	art'eria
veia (f)	ვენა	vena
cérebro (m)	ტვინი	t'vini
nervo (m)	ნერვი	nervi
nervos (m pl)	ნერვები	nervebi
vértebra (f)	მალა	mala
coluna (f) vertebral	ხერხემალი	kherkhemali
estômago (m)	კუჭი	k'uch'i
intestinos (m pl)	კუჭ-ნაწლავი	k'uch'-nats'lavi
intestino (m)	ნაწლავი	nats'lavi
fígado (m)	ღვიძლი	ghvidzli
rim (m)	თირკმელი	tirk'meli
osso (m)	ძვალი	dzvali
esqueleto (m)	ჩონჩხი	chonchkhi
costela (f)	ნეკნი	nek'ni
crânio (m)	თავის ქალა	tavis kala
músculo (m)	კუნთი	k'unti
bíceps (m)	ორთავა კუნთი	ortava k'unti
tríceps (m)	სამთავა კუნთი	samtava k'unti
tendão (m)	მყესი	mqesi
articulação (f)	სახსარი	sakhsari

pulmões (m pl)	ფილტვები	pilt'vebi
órgãos (m pl) genitais	სასქესო ორგანოები	saskeso organoebi
pele (f)	კანი	k'ani

28. Cabeça

cabeça (f)	თავი	tavi
rosto, cara (f)	სახე	sakhe
nariz (m)	ცხვირი	tskhviri
boca (f)	პირი	p'iri

olho (m)	თვალი	tvali
olhos (m pl)	თვალები	tvalebi
pupila (f)	გუგა	guga
sobrancelha (f)	წარბი	ts'arbi
cílio (f)	წამწამი	ts'amts'ami
pálpebra (f)	ქუთუთო	kututo

língua (f)	ენა	ena
dente (m)	კბილი	k'bili
lábios (m pl)	ტუჩები	t'uchebi
maçãs (f pl) do rosto	ყვრიმალები	qvrimalebi
gengiva (f)	ღრძილი	ghrdzili
palato (m)	სასა	sasa

narinas (f pl)	ნესტოები	nest'oebi
queixo (m)	ნიკაპი	nik'ap'i
mandíbula (f)	ყბა	qba
bochecha (f)	ლოყა	loqa

testa (f)	შუბლი	shubli
têmpora (f)	საფეთქელი	sapetkeli
orelha (f)	ყური	quri
costas (f pl) da cabeça	კეფა	k'epa
pescoço (m)	კისერი	k'iseri
garganta (f)	ყელი	qeli

cabelo (m)	თმები	tmebi
penteado (m)	ვარცხნილობა	vartskhniloba
corte (m) de cabelo	შეკრეჭილი თმა	shek'rech'ili tma
peruca (f)	პარიკი	p'arik'i

bigode (m)	ულვაშები	ulvashebi
barba (f)	წვერი	ts'veri
ter (~ barba, etc.)	ტარება	t'areba
trança (f)	ნაწნავი	nats'navi
suíças (f pl)	ბაკენბარდები	bak'enbardebi

ruivo (adj)	წითური	ts'ituri
grisalho (adj)	ჭაღარა	ch'aghara
careca (adj)	მელოტი	melot'i
calva (f)	მელოტი	melot'i
rabo-de-cavalo (m)	კუდი	k'udi
franja (f)	შუბლზე შეჭრილი თმა	shublze shech'rili tma

29. Corpo humano

| mão (f) | მტევანი | mt'evani |
| braço (m) | მკლავი | mk'lavi |

dedo (m)	თითი	titi
polegar (m)	ცერა თითი	tsera titi
dedo (m) mindinho	ნეკი	nek'i
unha (f)	ფრჩხილი	prchkhili

punho (m)	მუშტი	musht'i
palma (f)	ხელისგული	khelisguli
pulso (m)	მაჯა	maja
antebraço (m)	წინამხარი	ts'inamkhari
cotovelo (m)	იდაყვი	idaqvi
ombro (m)	მხარი	mkhari

perna (f)	ფეხი	pekhi
pé (m)	ტერფი	t'erpi
joelho (m)	მუხლი	mukhli
panturrilha (f)	წვივი	ts'vivi
quadril (m)	თეძო	tedzo
calcanhar (m)	ქუსლი	kusli

corpo (m)	ტანი	t'ani
barriga (f), ventre (m)	მუცელი	mutseli
peito (m)	მკერდი	mk'erdi
seio (m)	მკერდი	mk'erdi
lado (m)	გვერდი	gverdi
costas (dorso)	ზურგი	zurgi
região (f) lombar	წელი	ts'eli
cintura (f)	წელი	ts'eli

umbigo (m)	ჭიპი	ch'ip'i
nádegas (f pl)	დუნდულები	dundulebi
traseiro (m)	საჯდომი	sajdomi

sinal (m), pinta (f)	ხალი	khali
tatuagem (f)	ტატუირება	t'at'uireba
cicatriz (f)	ნაიარევი	naiarevi

Vestuário & Acessórios

30. Roupa exterior. Casacos

roupa (f)	ტანსაცმელი	t'ansatsmeli
roupa (f) exterior	ზედა ტანსაცმელი	zeda t'ansatsmeli
roupa (f) de inverno	ზამთრის ტანსაცმელი	zamtris t'ansatsmeli
sobretudo (m)	პალტო	p'alt'o
casaco (m) de pele	ქურქი	kurki
jaqueta (f) de pele	ჯუბაჩა	jubacha
casaco (m) acolchoado	ყურთუკი	qurtuk'i
casaco (m), jaqueta (f)	ქურთუკი	kurtuk'i
impermeável (m)	ლაბადა	labada
a prova d'água	ულტობი	ult'obi

31. Vestuário de homem & mulher

camisa (f)	პერანგი	p'erangi
calça (f)	შარვალი	sharvali
jeans (m)	ჯინსი	jinsi
paletó, terno (m)	პიჯაკი	p'ijak'i
terno (m)	კოსტიუმი	k'ost'iumi
vestido (ex. ~ de noiva)	კაბა	k'aba
saia (f)	ბოლოკაბა	bolok'aba
blusa (f)	ბლუზა	bluza
casaco (m) de malha	კოფთა	k'opta
casaco, blazer (m)	ჟაკეტი	zhak'et'i
camiseta (f)	მაისური	maisuri
short (m)	შორტი	short'i
training (m)	სპორტული კოსტიუმი	sp'ort'uli k'ost'iumi
roupão (m) de banho	ხალათი	khalati
pijama (m)	პიჟამო	p'izhamo
suéter (m)	სვიტრი	svit'ri
pulôver (m)	პულოვერი	p'uloveri
colete (m)	ჟილეტი	zhilet'i
fraque (m)	ფრაკი	prak'i
smoking (m)	სმოკინგი	smok'ingi
uniforme (m)	ფორმა	porma
roupa (f) de trabalho	სამუშაო ტანსაცმელი	samushao t'ansatsmeli
macacão (m)	კომბინეზონი	k'ombinezoni
jaleco (m), bata (f)	ხალათი	khalati

32. Vestuário. Roupa interior

roupa (f) íntima	საცვალი	satsvali
camiseta (f)	მაისური	maisuri
meias (f pl)	წინდები	ts'indebi
camisola (f)	ღამის პერანგი	ghamis p'erangi
sutiã (m)	ბიუსტჰალტერი	biust'halt'eri
meias longas (f pl)	გოლფი-წინდები	golpi-ts'indebi
meias-calças (f pl)	კოლგოტი	k'olgot'i
meias (~ de nylon)	ყელიანი წინდები	qeliani ts'indebi
maiô (m)	საბანაო კოსტიუმი	sabanao k'ost'iumi

33. Adereços de cabeça

chapéu (m), touca (f)	ქუდი	kudi
chapéu (m) de feltro	ქუდი	kudi
boné (m) de beisebol	ბეისბოლის კეპი	beisbolis k'ep'i
boina (~ italiana)	კეპი	k'ep'i
boina (ex. ~ basca)	ბერეტი	beret'i
capuz (m)	კაპიუშონი	k'ap'iushoni
chapéu panamá (m)	პანამა	p'anama
touca (f)	ნაქსოვი ქუდი	naksovi kudi
lenço (m)	თავსაფარი	tavsapari
chapéu (m) feminino	ქუდი	kudi
capacete (m) de proteção	კასკა	k'ask'a
bibico (m)	პილოტურა	p'ilot'ura
capacete (m)	ჩაფხუტი	chapkhut'i
chapéu-coco (m)	ქვაბ-ქუდა	kvab-kuda
cartola (f)	ცილინდრი	tsilindri

34. Calçado

calçado (m)	ფეხსაცმელი	pekhsatsmeli
botinas (f pl), sapatos (m pl)	ყელიანი ფეხსაცმელი	qeliani pekhsatsmeli
sapatos (de salto alto, etc.)	ტუფლი	t'upli
botas (f pl)	ჩექმები	chekmebi
pantufas (f pl)	ჩუსტები	chust'ebi
tênis (~ Nike, etc.)	ფეხსაცმელი	pekhsatsmeli
tênis (~ Converse)	კედი	k'edi
sandálias (f pl)	სანდლები	sandlebi
sapateiro (m)	მეჩექმე	mechekme
salto (m)	ქუსლი	kusli
par (m)	წყვილი	ts'qvili
cadarço (m)	ზონარი	zonari

amarrar os cadarços	ზონრით შეკვრა	zonrit shek'vra
calçadeira (f)	საშველი	sashveli
graxa (f) para calçado	ფეხსაცმლის კრემი	pekhsatsmlis k'remi

35. Têxtil. Tecidos

algodão (m)	ბამბა	bamba
de algodão	ბამბისგან	bambisgan
linho (m)	სელი	seli
de linho	სელისგან	selisgan

seda (f)	აბრეშუმი	abreshumi
de seda	აბრეშუმისა	abreshumisa
lã (f)	შალი	shali
de lã	შალისა	shalisa

veludo (m)	ხავერდი	khaverdi
camurça (f)	ზამში	zamshi
veludo (m) cotelê	ველვეტი	velvet'i

nylon (m)	ნეილონი	neiloni
de nylon	ნეილონისა	neilonisa
poliéster (m)	პოლიესტერი	p'oliest'eri
de poliéster	პოლიესტერისა	p'oliest'erisa

couro (m)	ტყავი	t'qavi
de couro	ტყავისა	t'qavisa
pele (f)	ბეწვი	bets'vi
de pele	ბეწვისა	bets'visa

36. Acessórios pessoais

luva (f)	ხელთათმანები	kheltatmanebi
mitenes (f pl)	ხელთათმანი	kheltatmani
cachecol (m)	კაშნი	k'ashni

óculos (m pl)	სათვალე	satvale
armação (f)	ჩარჩო	charcho
guarda-chuva (m)	ქოლგა	kolga
bengala (f)	ხელჯოხი	kheljokhi
escova (f) para o cabelo	თმის ჯაგრისი	tmis jagrisi
leque (m)	მარაო	marao

gravata (f)	ჰალსტუხი	halst'ukhi
gravata-borboleta (f)	პეპელა-ჰალსტუხი	p'ep'ela-halst'ukhi
suspensórios (m pl)	აჭიმი	ach'imi
lenço (m)	ცხვირსახოცი	tskhvirsakhotsi

pente (m)	სავარცხელი	savartskheli
fivela (f) para cabelo	თმის სამაგრი	tmis samagri
grampo (m)	თმის სარჭი	tmis sarch'i
fivela (f)	ბალთა	balta

| cinto (m) | ქამარი | kamari |
| alça (f) de ombro | თასმა | tasma |

bolsa (f)	ჩანთა	chanta
bolsa (feminina)	ჩანთა	chanta
mochila (f)	რუკზაკი	ruk'zak'i

37. Vestuário. Diversos

moda (f)	მოდა	moda
na moda (adj)	მოდური	moduri
estilista (m)	მოდელიერი	modelieri

colarinho (m)	საყელო	saqelo
bolso (m)	ჯიბე	jibe
de bolso	ჯიბისა	jibisa
manga (f)	სახელო	sakhelo
ganchinho (m)	საკიდარი	sak'idari
bragueta (f)	ბარტყი	bart'qi

zíper (m)	ელვა-შესაკრავი	elva-shesak'ravi
colchete (m)	შესაკრავი	shesak'ravi
botão (m)	ღილი	ghili
botoeira (casa de botão)	ჩასაღილავი	chasaghilavi
soltar-se (vr)	მოწყვეტა	mots'qvet'a

costurar (vi)	კერვა	k'erva
bordar (vt)	ქარგვა	kargva
bordado (m)	ნაქარგი	nakargi
agulha (f)	ნემსი	nemsi
fio, linha (f)	ძაფი	dzapi
costura (f)	ნაკერი	nak'eri

sujar-se (vr)	გასვრა	gasvra
mancha (f)	ლაქა	laka
amarrotar-se (vr)	დაჭმუჭნა	dach'much'na
rasgar (vt)	გახევა	gakheva
traça (f)	ჩრჩილი	chrchili

38. Cuidados pessoais. Cosméticos

pasta (f) de dente	კბილის პასტა	k'bilis p'ast'a
escova (f) de dente	კბილის ჯაგრისი	k'bilis jagrisi
escovar os dentes	კბილების გახეხვა	k'bilebis gakhekhva

gilete (f)	სამართებელი	samartebeli
creme (m) de barbear	საპარსი კრემი	sap'arsi k'remi
barbear-se (vr)	პარსვა	p'arsva

sabonete (m)	საპონი	sap'oni
xampu (m)	შამპუნი	shamp'uni
tesoura (f)	მაკრატელი	mak'rat'eli

40

lixa (f) de unhas	ფრჩხილის ქლიბი	prchkhilis klibi
corta-unhas (m)	ფრჩხილის საკვნეტი	prchkhilis sak'vnet'i
pinça (f)	პინცეტი	p'intset'i

cosméticos (m pl)	კოსმეტიკა	k'osmet'ik'a
máscara (f)	ნიღაბი	nighabi
manicure (f)	მანიკიური	manik'iuri
fazer as unhas	მანიკიურის კეთება	manik'iuris k'eteba
pedicure (f)	პედიკიური	p'edik'iuri

bolsa (f) de maquiagem	კოსმეტიკის ჩანთა	k'osmet'ik'is chanta
pó (de arroz)	პუდრი	p'udri
pó (m) compacto	საპუდრე	sap'udre
blush (m)	ფერი	peri

perfume (m)	სუნამო	sunamo
água-de-colônia (f)	ტუალეტის წყალი	t'ualet'is ts'qali
loção (f)	ლოსიონი	losioni
colônia (f)	ოდეკოლონი	odek'oloni

sombra (f) de olhos	ქუთუთოს ჩრდილი	kututos chrdili
delineador (m)	თვალის ფანქარი	tvalis pankari
máscara (f), rímel (m)	ტუში	t'ushi

batom (m)	ტუჩის პომადა	t'uchis p'omada
esmalte (m)	ფრჩხილის ლაქი	prchkhilis laki
laquê (m), spray fixador (m)	თმის ლაქი	tmis laki
desodorante (m)	დეზოდორანტი	dezodorant'i

creme (m)	კრემი	k'remi
creme (m) de rosto	სახის კრემი	sakhis k'remi
creme (m) de mãos	ხელის კრემი	khelis k'remi
creme (m) antirrugas	ნაოჭების საწინააღმდეგო კრემი	naoch'ebis sats'inaaghmdego k'remi
de dia	დღისა	dghisa
da noite	ღამისა	ghamisa

absorvente (m) interno	ტამპონი	t'amp'oni
papel (m) higiênico	ტუალეტის ქაღალდი	t'ualet'is kaghaldi
secador (m) de cabelo	ფენი	peni

39. Joalheria

joias (f pl)	ძვირფასეულობა	dzvirpaseuloba
precioso (adj)	ძვირფასი	dzvirpasi
marca (f) de contraste	სინჯი	sinji

anel (m)	ბეჭედი	bech'edi
aliança (f)	ნიშნობის ბეჭედი	nishnobis bech'edi
pulseira (f)	სამაჯური	samajuri

brincos (m pl)	საყურეები	saqureebi
colar (m)	ყელსაბამი	qelsabami
coroa (f)	გვირგვინი	gvirgvini

colar (m) de contas	მძივები	mdzivebi
diamante (m)	ბრილიანტი	briliant'i
esmeralda (f)	ზურმუხტი	zurmukht'i
rubi (m)	ლალი	lali
safira (f)	საფირონი	sapironi
pérola (f)	მარგალიტი	margalit'i
âmbar (m)	ქარვა	karva

40. Relógios de pulso. Relógios

relógio (m) de pulso	საათი	saati
mostrador (m)	ციფერბლატი	tsiperblat'i
ponteiro (m)	ისარი	isari
bracelete (em aço)	სამაჯური	samajuri
bracelete (em couro)	თასმა	tasma

pilha (f)	ბატარეა	bat'area
acabar (vi)	დაჯდომა	dajdoma
trocar a pilha	ბატარეის გამოცვლა	bat'areis gamotsvla

relógio (m) de parede	კედლის საათი	k'edlis saati
ampulheta (f)	ქვიშის საათი	kvishis saati
relógio (m) de sol	მზის საათი	mzis saati
despertador (m)	მაღვიძარა	maghvidzara
relojoeiro (m)	მესაათე	mesaate
reparar (vt)	გარემონტება	garemont'eba

Alimentação. Nutrição

41. Comida

carne (f)	ხორცი	khortsi
galinha (f)	ქათამი	katami
frango (m)	წიწილა	ts'its'ila
pato (m)	იხვი	ikhvi
ganso (m)	ბატი	bat'i
caça (f)	ნანადირევი	nanadirevi
peru (m)	ინდაური	indauri

carne (f) de porco	ღორის ხორცი	ghoris khortsi
carne (f) de vitela	ხბოს ხორცი	khbos khortsi
carne (f) de carneiro	ცხვრის ხორცი	tskhvris khortsi
carne (f) de vaca	საქონლის ხორცი	sakonlis khortsi
carne (f) de coelho	ბოცვერი	botsveri

linguiça (f), salsichão (m)	ძეხვი	dzekhvi
salsicha (f)	სოსისი	sosisi
bacon (m)	ბეკონი	bek'oni
presunto (m)	ლორი	lori
pernil (m) de porco	ბარკალი	bark'ali

patê (m)	პაშტეტი	p'asht'et'i
fígado (m)	ღვიძლი	ghvidzli
guisado (m)	ფარში	parshi
língua (f)	ენა	ena

ovo (m)	კვერცხი	k'vertskhi
ovos (m pl)	კვერცხები	k'vertskhebi
clara (f) de ovo	ცილა	tsila
gema (f) de ovo	კვერცხის გული	k'vertskhis guli

peixe (m)	თევზი	tevzi
mariscos (m pl)	ზღვის პროდუქტები	zghvis p'rodukt'ebi
crustáceos (m pl)	კიბოსნაირნი	k'ibosnairni
caviar (m)	ხიზილალა	khizilala

caranguejo (m)	კიბორჩხალა	k'iborchkhala
camarão (m)	კრევეტი	k'revet'i
ostra (f)	ხამანწკა	khamants'k'a
lagosta (f)	ლანგუსტი	langust'i
polvo (m)	რვაფეხა	rvapekha
lula (f)	კალმარი	k'almari

esturjão (m)	თართი	tarti
salmão (m)	ორაგული	oraguli
halibute (m)	პალტუსი	p'alt'usi
bacalhau (m)	ვირთევზა	virtevza

43

cavala, sarda (f)	სკუმბრია	sk'umbria
atum (m)	თინუსი	tinusi
enguia (f)	გველთევზა	gveltevza

truta (f)	კალმახი	k'almakhi
sardinha (f)	სარდინი	sardini
lúcio (m)	ქარიყლაპია	kariqlap'ia
arenque (m)	ქაშაყი	kashaqi

pão (m)	პური	p'uri
queijo (m)	ყველი	qveli
açúcar (m)	შაქარი	shakari
sal (m)	მარილი	marili

arroz (m)	ბრინჯი	brinji
massas (f pl)	მაკარონი	mak'aroni
talharim, miojo (m)	ატრია	at'ria

manteiga (f)	კარაქი	k'araki
óleo (m) vegetal	მცენარეული ზეთი	mtsenarueli zeti
óleo (m) de girassol	მზესუმზირის ზეთი	mzesumziris zeti
margarina (f)	მარგარინი	margarini

| azeitonas (f pl) | ზეითუნი | zeituni |
| azeite (m) | ზეითუნის ზეთი | zeitunis zeti |

leite (m)	რძე	rdze
leite (m) condensado	შესქელებული რძე	sheskelebuli rdze
iogurte (m)	იოგურტი	iogurt'i
creme (m) azedo	არაჟანი	arazhani
creme (m) de leite	ნაღები	naghebi

| maionese (f) | მაიონეზი | maionezi |
| creme (m) | კრემი | k'remi |

grãos (m pl) de cereais	ბურღული	burghuli
farinha (f)	ფქვილი	pkvili
enlatados (m pl)	კონსერვები	k'onservebi

flocos (m pl) de milho	სიმინდის ბურბუშელა	simindis burbushela
mel (m)	თაფლი	tapli
geleia (m)	ჯემი	jemi
chiclete (m)	საღეჭი რეზინი	saghech'i rezini

42. Bebidas

água (f)	წყალი	ts'qali
água (f) potável	სასმელი წყალი	sasmeli ts'qali
água (f) mineral	მინერალური წყალი	mineraluri ts'qali

sem gás (adj)	უგაზო	ugazo
gaseificada (adj)	გაზირებული	gazirebuli
com gás	გაზიანი	gaziani
gelo (m)	ყინული	qinuli

com gelo	ყინულით	qinulit
não alcoólico (adj)	უალკოჰოლო	ualk'oholo
refrigerante (m)	უალკოჰოლო სასმელი	ualk'oholo sasmeli
refresco (m)	გამაგრილებელი სასმელი	gamagrilebeli sasmeli
limonada (f)	ლიმონათი	limonati

bebidas (f pl) alcoólicas	ალკოჰოლიანი სასმელები	alk'oholiani sasmelebi
vinho (m)	ღვინო	ghvino
vinho (m) branco	თეთრი ღვინო	tetri ghvino
vinho (m) tinto	წითელი ღვინო	ts'iteli ghvino

licor (m)	ლიქიორი	likiori
champanhe (m)	შამპანური	shamp'anuri
vermute (m)	ვერმუტი	vermut'i

uísque (m)	ვისკი	visk'i
vodca (f)	არაყი	araqi
gim (m)	ჯინი	jini
conhaque (m)	კონიაკი	k'oniak'i
rum (m)	რომი	romi

café (m)	ყავა	qava
café (m) preto	შავი ყავა	shavi qava
café (m) com leite	რძიანი ყავა	rdziani qava
cappuccino (m)	ნაღებიანი ყავა	naghebiani qava
café (m) solúvel	ხსნადი ყავა	khsnadi qava

leite (m)	რძე	rdze
coquetel (m)	კოკტეილი	k'ok't'eili
batida (f), milkshake (m)	რძის კოკტეილი	rdzis k'ok't'eili

suco (m)	წვენი	ts'veni
suco (m) de tomate	ტომატის წვენი	t'omat'is ts'veni
suco (m) de laranja	ფორთოხლის წვენი	portokhlis ts'veni
suco (m) fresco	ახლადგამოწურული წვენი	akhladgamots'uruli ts'veni

cerveja (f)	ლუდი	ludi
cerveja (f) clara	ღია ფერის ლუდი	ghia peris ludi
cerveja (f) preta	მუქი ლუდი	muki ludi

chá (m)	ჩაი	chai
chá (m) preto	შავი ჩაი	shavi chai
chá (m) verde	მწვანე ჩაი	mts'vane chai

43. Vegetais

vegetais (m pl)	ბოსტნეული	bost'neuli
verdura (f)	მწვანილი	mts'vanili

tomate (m)	პომიდორი	p'omidori
pepino (m)	კიტრი	k'it'ri
cenoura (f)	სტაფილო	st'apilo
batata (f)	კარტოფილი	k'art'opili
cebola (f)	ხახვი	khakhvi

45

alho (m)	ნიორი	niori
couve (f)	კომბოსტო	k'ombost'o
couve-flor (f)	ყვავილოვანი კომბოსტო	qvavilovani k'ombost'o
couve-de-bruxelas (f)	ბრიუსელის კომბოსტო	briuselis k'ombost'o
brócolis (m pl)	კომბოსტო ბროკოლი	k'ombost'o brok'oli

beterraba (f)	ჭარხალი	ch'arkhali
berinjela (f)	ბადრიჯანი	badrijani
abobrinha (f)	ყაბაყი	qabaqi
abóbora (f)	გოგრა	gogra
nabo (m)	თალგამი	talgami

salsa (f)	ოხრახუში	okhrakhushi
endro, aneto (m)	კამა	k'ama
alface (f)	სალათი	salati
aipo (m)	ნიახური	niakhuri
aspargo (m)	სატაცური	sat'atsuri
espinafre (m)	ისპანახი	isp'anakhi

ervilha (f)	ბარდა	barda
feijão (~ soja, etc.)	პარკები	p'ark'ebi
milho (m)	სიმინდი	simindi
feijão (m) roxo	ლობიო	lobio

pimentão (m)	წიწაკა	ts'its'ak'a
rabanete (m)	ბოლოკი	bolok'i
alcachofra (f)	არტიშოკი	art'ishok'i

44. Frutos. Nozes

fruta (f)	ხილი	khili
maçã (f)	ვაშლი	vashli
pera (f)	მსხალი	mskhali
limão (m)	ლიმონი	limoni
laranja (f)	ფორთოხალი	portokhali
morango (m)	მარწყვი	marts'qvi

tangerina (f)	მანდარინი	mandarini
ameixa (f)	ქლიავი	kliavi
pêssego (m)	ატამი	at'ami
damasco (m)	გარგარი	gargari
framboesa (f)	ჟოლო	zholo
abacaxi (m)	ანანასი	ananasi

banana (f)	ბანანი	banani
melancia (f)	საზამთრო	sazamtro
uva (f)	ყურძენი	qurdzeni
ginja (f)	ალუბალი	alubali
cereja (f)	ბალი	bali
melão (m)	ნესვი	nesvi

toranja (f)	გრეიფრუტი	greiprut'i
abacate (m)	ავოკადო	avok'ado
mamão (m)	პაპაია	p'ap'aia

| manga (f) | მანგო | mango |
| romã (f) | ბროწეული | brots'euli |

groselha (f) vermelha	წითელი მოცხარი	ts'iteli motskhari
groselha (f) negra	შავი მოცხარი	shavi motskhari
groselha (f) espinhosa	ხურტკმელი	khurt'k'meli
mirtilo (m)	მოცვი	motsvi
amora (f) silvestre	მაყვალი	maqvali

passa (f)	ქიშმიში	kishmishi
figo (m)	ლეღვი	leghvi
tâmara (f)	ფინიკი	pinik'i

amendoim (m)	მიწის თხილი	mits'is tkhili
amêndoa (f)	ნუში	nushi
noz (f)	კაკალი	k'ak'ali
avelã (f)	თხილი	tkhili
coco (m)	ქოქოსის კაკალი	kokosis k'ak'ali
pistaches (m pl)	ფსტა	pst'a

45. Pão. Bolaria

pastelaria (f)	საკონდიტრო ნაწარმი	sak'ondit'ro nats'armi
pão (m)	პური	p'uri
biscoito (m), bolacha (f)	ნამცხვარი	namtskhvari

chocolate (m)	შოკოლადი	shok'oladi
de chocolate	შოკოლადისა	shok'oladisa
bala (f)	კანფეტი	k'anpet'i
doce (bolo pequeno)	ტკბილღვეზელა	t'k'bilghvezela
bolo (m) de aniversário	ტორტი	t'ort'i

| torta (f) | ღვეზელი | ghvezeli |
| recheio (m) | შიგთავსი | shigtavsi |

geleia (m)	მურაბა	muraba
marmelada (f)	მარმელადი	marmeladi
wafers (m pl)	ვაფლი	vapli
sorvete (m)	ნაყინი	naqini
pudim (m)	პუდინგი	p'udingi

46. Pratos cozinhados

prato (m)	კერძი	k'erdzi
cozinha (~ portuguesa)	სამზარეულო	samzareulo
receita (f)	რეცეპტი	retsep't'i
porção (f)	ულუფა	ulupa

salada (f)	სალათი	salati
sopa (f)	წვნიანი	ts'vniani
caldo (m)	ბულიონი	bulioni
sanduíche (m)	ბუტერბროდი	but'erbrodi

ovos (m pl) fritos	ერბო-კვერცხი	erbo-k'vertskhi
hambúrguer (m)	ჰამბურგერი	hamburgeri
bife (m)	ბიფშტექსი	bivsht'eksi

acompanhamento (m)	გარნირი	garniri
espaguete (m)	სპაგეტი	sp'aget'i
purê (m) de batata	კარტოფილის პიურე	k'art'opilis p'iure
pizza (f)	პიცა	p'itsa
mingau (m)	ფაფა	papa
omelete (f)	ომლეტი	omlet'i

fervido (adj)	მოხარშული	mokharshuli
defumado (adj)	შებოლილი	shebolili
frito (adj)	შემწვარი	shemts'vari
seco (adj)	გამხმარი	gamkhmari
congelado (adj)	გაყინული	gaqinuli
em conserva (adj)	მარინადში ჩადებული	marinadshi chadebuli

doce (adj)	ტკბილი	t'k'bili
salgado (adj)	მლაშე	mlashe
frio (adj)	ცივი	tsivi
quente (adj)	ცხელი	tskheli
amargo (adj)	მწარე	mts'are
gostoso (adj)	გემრიელი	gemrieli

cozinhar em água fervente	ხარშვა	kharshva
preparar (vt)	მზადება	mzadeba
fritar (vt)	შეწვა	shets'va
aquecer (vt)	გაცხელება	gatskheleba

salgar (vt)	მარილის მოყრა	marilis moqra
apimentar (vt)	პილპილის მოყრა	p'ilp'ilis moqra
ralar (vt)	გახეხვა	gakhekhva
casca (f)	ქერქი	kerki
descascar (vt)	ფცქვნა	ptskvna

47. Especiarias

sal (m)	მარილი	marili
salgado (adj)	მლაშე	mlashe
salgar (vt)	მარილის მოყრა	marilis moqra

pimenta-do-reino (f)	პილპილი	p'ilp'ili
pimenta (f) vermelha	წიწაკა	ts'its'ak'a
mostarda (f)	მდოგვი	mdogvi
raiz-forte (f)	პირშუშხა	p'irshushkha

condimento (m)	სამელებელი	sanelebell
especiaria (f)	სუნელი	suneli
molho (~ inglês)	სოუსი	sousi
vinagre (m)	ძმარი	dzmari

| anis estrelado (m) | ანისული | anisuli |
| manjericão (m) | რეჰანი | rehani |

cravo (m)	მიხაკი	mikhak'i
gengibre (m)	კოჭა	k'och'a
coentro (m)	ქინძი	kindzi
canela (f)	დარიჩინი	darichini

gergelim (m)	ქუნჯუტი	kunzhut'i
folha (f) de louro	დაფნის ფოთოლი	dapnis potoli
páprica (f)	წიწაკა	ts'its'ak'a
cominho (m)	კვლიავი	k'vliavi
açafrão (m)	ზაფრანა	zaprana

48. Refeições

| comida (f) | საჭმელი | sach'meli |
| comer (vt) | ჭამა | ch'ama |

café (m) da manhã	საუზმე	sauzme
tomar café da manhã	საუზმობა	sauzmoba
almoço (m)	სადილი	sadili
almoçar (vi)	სადილობა	sadiloba
jantar (m)	ვახშამი	vakhshami
jantar (vi)	ვახშმობა	vakhshmoba

| apetite (m) | მადა | mada |
| Bom apetite! | გაამოთ! | gaamot! |

abrir (~ uma lata, etc.)	გახსნა	gakhsna
derramar (~ líquido)	დაღვრა	daghvra
derramar-se (vr)	დაღვრა	daghvra

ferver (vi)	დუღილი	dughili
ferver (vt)	ადუღება	adugheba
fervido (adj)	ნადუღი	nadughi

| esfriar (vt) | გაგრილება | gagrileba |
| esfriar-se (vr) | გაგრილება | gagrileba |

| sabor, gosto (m) | გემო | gemo |
| fim (m) de boca | გემო | gemo |

emagrecer (vi)	გახდომა	gakhdoma
dieta (f)	დიეტა	diet'a
vitamina (f)	ვიტამინი	vit'amini
caloria (f)	კალორია	k'aloria

| vegetariano (m) | ვეგეტარიანელი | veget'arianeli |
| vegetariano (adj) | ვეგეტარიანული | veget'arianuli |

gorduras (f pl)	ცხიმები	tskhimebi
proteínas (f pl)	ცილები	tsilebi
carboidratos (m pl)	ნახშირწყლები	nakhshirts'qlebi
fatia (~ de limão, etc.)	ნაჭერი	nach'eri
pedaço (~ de bolo)	ნაჭერი	nach'eri
migalha (f), farelo (m)	ნამცეცი	namtsetsi

49. Por a mesa

colher (f)	კოვზი	k'ovzi
faca (f)	დანა	dana
garfo (m)	ჩანგალი	changali
xícara (f)	ფინჯანი	pinjani
prato (m)	თეფში	tepshi
pires (m)	ლამბაქი	lambaki
guardanapo (m)	ხელსახოცი	khelsakhotsi
palito (m)	კბილსაჩიჩქნი	k'bilsachichkni

50. Restaurante

restaurante (m)	რესტორანი	rest'orani
cafeteria (f)	ყავახანა	qavakhana
bar (m), cervejaria (f)	ბარი	bari
salão (m) de chá	ჩაის სალონი	chais saloni
garçom (m)	ოფიციანტი	opitsiant'i
garçonete (f)	ოფიციანტი	opitsiant'i
barman (m)	ბარმენი	barmeni
cardápio (m)	მენუ	meniu
lista (f) de vinhos	ღვინის ბარათი	ghvinis barati
reservar uma mesa	მაგიდის დაჯავშნა	magidis dajavshna
prato (m)	კერძი	k'erdzi
pedir (vt)	შეკვეთა	shek'veta
fazer o pedido	შეკვეთის გაკეთება	shek'vetis gak'eteba
aperitivo (m)	აპერიტივი	ap'erit'ivi
entrada (f)	საუზმეული	sauzmeuli
sobremesa (f)	დესერტი	desert'i
conta (f)	ანგარიში	angarishi
pagar a conta	ანგარიშის გადახდა	angarishis gadakhda
dar o troco	ხურდის მიცემა	khurdis mitsema
gorjeta (f)	გასამრჯელო	gasamrjelo

Família, parentes e amigos

51. Informação pessoal. Formulários

nome (m)	სახელი	sakheli
sobrenome (m)	გვარი	gvari
data (f) de nascimento	დაბადების თარიღი	dabadebis tarighi
local (m) de nascimento	დაბადების ადგილი	dabadebis adgili
nacionalidade (f)	ეროვნება	erovneba
lugar (m) de residência	საცხოვრებელი ადგილი	satskhovrebeli adgili
país (m)	ქვეყანა	kveqana
profissão (f)	პროფესია	p'ropesia
sexo (m)	სქესი	skesi
estatura (f)	სიმაღლე	simaghle
peso (m)	წონა	ts'ona

52. Membros da família. Parentes

mãe (f)	დედა	deda
pai (m)	მამა	mama
filho (m)	ვაჟიშვილი	vazhishvili
filha (f)	ქალიშვილი	kalishvili
caçula (f)	უმცროსი ქალიშვილი	umtsrosi kalishvili
caçula (m)	უმცროსი ვაჟიშვილი	umtsrosi vazhishvili
filha (f) mais velha	უფროსი ქალიშვილი	uprosi kalishvili
filho (m) mais velho	უფროსი ვაჟიშვილი	uprosi vazhishvili
irmão (m)	ძმა	dzma
irmã (f)	და	da
mamãe (f)	დედა	deda
papai (m)	მამა	mama
pais (pl)	მშობლები	mshoblebi
criança (f)	შვილი	shvili
crianças (f pl)	შვილები	shvilebi
avó (f)	ბებია	bebia
avô (m)	პაპა	p'ap'a
neto (m)	შვილიშვილი	shvilishvili
neta (f)	შვილიშვილი	shvilishvili
netos (pl)	შვილიშვილები	shvilishvilebi
tio (m)	ბიძა	bidza
sogra (f)	სიდედრი	sidedri
sogro (m)	მამამთილი	mamamtili

genro (m)	სიძე	sidze
madrasta (f)	დედინაცვალი	dedinatsvali
padrasto (m)	მამინაცვალი	maminatsvali

criança (f) de colo	მუცუმშობარა ბავშვი	dzudzumts'ovara bavshvi
bebê (m)	ჩვილი	chvili
menino (m)	ბიჭუნა	bich'una

mulher (f)	ცოლი	tsoli
marido (m)	ქმარი	kmari
esposo (m)	მეუღლე	meughle
esposa (f)	მეუღლე	meughle

casado (adj)	ცოლიანი	tsoliani
casada (adj)	გათხოვილი	gatkhovili
solteiro (adj)	უცოლშვილო	utsolshvilo
solteirão (m)	უცოლშვილო	utsolshvilo
divorciado (adj)	განქორწინებული	gankorts'inebuli
viúva (f)	ქვრივი	kvrivi
viúvo (m)	ქვრივი	kvrivi

parente (m)	ნათესავი	natesavi
parente (m) próximo	ახლო ნათესავი	akhlo natesavi
parente (m) distante	შორეული ნათესავი	shoreuli natesavi
parentes (m pl)	ნათესავები	natesavebi

órfão (m), órfã (f)	ობოლი	oboli
tutor (m)	მეურვე	meurve
adotar (um filho)	შვილად აყვანა	shvilad aqvana
adotar (uma filha)	შვილად აყვანა	shvilad aqvana

53. Amigos. Colegas de trabalho

amigo (m)	მეგობარი	megobari
amiga (f)	მეგობარი	megobari
amizade (f)	მეგობრობა	megobroba
ser amigos	მეგობრობა	megobroba

amigo (m)	ძმაკაცი	dzmak'atsi
amiga (f)	დაქალი	dakali
parceiro (m)	პარტნიორი	p'art'niori

chefe (m)	შეფი	shepi
superior (m)	უფროსი	uprosi
subordinado (m)	ხელქვეითი	khelkveiti
colega (m, f)	კოლეგა	k'olega

conhecido (m)	ნაცნობი	natsnobi
companheiro (m) de viagem	თანამგზავრი	tanamgzavri
colega (m) de classe	თანაკლასელი	tanak'laseli

vizinho (m)	მეზობელი	mezobeli
vizinha (f)	მეზობელი	mezobeli
vizinhos (pl)	მეზობლები	mezoblebi

54. Homem. Mulher

mulher (f)	ქალი	kali
menina (f)	ქალიშვილი	kalishvili
noiva (f)	პატარძალი	p'at'ardzali
bonita, bela (adj)	ლამაზი	lamazi
alta (adj)	მაღალი	maghali
esbelta (adj)	ტანადი	t'anadi
baixa (adj)	მორჩილი ტანისა	morchili t'anisa
loira (f)	ქერა	kera
morena (f)	შავგვრემანი	shavgvremani
de senhora	ქალისა	kalisa
virgem (f)	ქალიშვილი	kalishvili
grávida (adj)	ორსული	orsuli
homem (m)	კაცი	k'atsi
loiro (m)	ქერა	kera
moreno (m)	შავგვრემანი	shavgvremani
alto (adj)	მაღალი	maghali
baixo (adj)	მორჩილი ტანისა	morchili t'anisa
rude (adj)	უხეში	ukheshi
atarracado (adj)	ჯმუხი	jmukhi
robusto (adj)	მაგარი	magari
forte (adj)	ძლიერი	dzlieri
força (f)	ძალა	dzala
gordo (adj)	ჩასუქებული	chasukebuli
moreno (adj)	შავგვრემანი	shavgvremani
esbelto (adj)	ტანადი	t'anadi
elegante (adj)	ელეგანტური	elegant'uri

55. Idade

idade (f)	ასაკი	asak'i
juventude (f)	სიჭაბუკე	sich'abuk'e
jovem (adj)	ახალგაზრდა	akhalgazrda
mais novo (adj)	უმცროსი	umtsrosi
mais velho (adj)	უფროსი	uprosi
jovem (m)	ყმაწვილი	qmats'vili
adolescente (m)	მოზარდი	mozardi
rapaz (m)	ჭაბუკი	ch'abuk'i
velho (m)	მოხუცი	mokhutsi
velha (f)	დედაბერი	dedaberi
adulto	მოზრდილი	mozrdili
de meia-idade	საშუალო ასაკისა	sashualo asak'isa

idoso, de idade (adj)	ხანში შესული	khanshi shesuli
velho (adj)	ბებერი	beberi

aposentar-se (vr)	პენსიაზე გასვლა	p'ensiaze gasvla
aposentado (m)	პენსიონერი	p'ensioneri

56. Crianças

criança (f)	ბავშვი	bavshvi
crianças (f pl)	ბავშვები	bavshvebi
gêmeos (m pl), gêmeas (f pl)	ტყუპები	t'qup'ebi

berço (m)	აკვანი	ak'vani
chocalho (m)	ჩხარუნა	zhgharuna
fralda (f)	ამოსაფენი ჩვარი	amosapeni chvari

chupeta (f), bico (m)	საწოვარა	sats'ovara
carrinho (m) de bebê	ეტლი	et'li
jardim (m) de infância	საბავშვო ბაღი	sabavshvo baghi
babysitter, babá (f)	ძიძა	dzidza

infância (f)	ბავშვობა	bavshvoba
boneca (f)	თოჯინა	tojina
brinquedo (m)	სათამაშო	satamasho
jogo (m) de montar	კონსტრუქტორი	k'onst'rukt'ori

bem-educado (adj)	ზრდილი	zrdili
malcriado (adj)	უზრდელი	uzrdeli
mimado (adj)	განებივრებული	ganebivrebuli

ser travesso	ცელქობა	tselkoba
travesso, traquinas (adj)	ცელქი	tselki
travessura (f)	ცელქობა	tselkoba
criança (f) travessa	ცელქი	tselki

obediente (adj)	დამჯერი	damjeri
desobediente (adj)	გაუგონარი	gaugonari

dócil (adj)	გონიერი	gonieri
inteligente (adj)	ჭკვიანი	ch'k'viani
prodígio (m)	ვუნდერკინდი	vunderk'indi

57. Casais. Vida de família

beijar (vt)	კოცნა	k'otsna
beijar-se (vr)	ერთმანეთის კოცნა	ertmanetis k'otsna
família (f)	ოჯახი	ojakhi
familiar (vida ~)	ოჯახური	ojakhuri
casal (m)	წყვილი	ts'qvili
matrimônio (m)	ქორწინება	korts'ineba
lar (m)	სახლის კერა	sakhlis k'era
dinastia (f)	დინასტია	dinast'ia

| encontro (m) | პაემანი | p'aemani |
| beijo (m) | კოცნა | k'otsna |

amor (m)	სიყვარული	siqvaruli
amar (pessoa)	სიყვარული	siqvaruli
amado, querido (adj)	საყვარელი	saqvareli

ternura (f)	სინაზე	sinaze
afetuoso (adj)	ნაზი	nazi
fidelidade (f)	ერთგულება	ertguleba
fiel (adj)	ერთგული	ertguli
cuidado (m)	ზრუნვა	zrunva
carinhoso (adj)	მზრუნველი	mzrunveli

recém-casados (pl)	ახლად დაქორწინებულნი	akhlad dakorts'inebulni
lua (f) de mel	თაფლობის თვე	taplobis tve
casar-se (com um homem)	გათხოვება	gatkhoveba
casar-se (com uma mulher)	ცოლის შერთვა	tsolis shertva

casamento (m)	ქორწილი	korts'ili
bodas (f pl) de ouro	ოქროს ქორწილი	okros korts'ili
aniversário (m)	წლისთავი	ts'listavi

| amante (m) | საყვარელი | saqvareli |
| amante (f) | საყვარელი | saqvareli |

adultério (m), traição (f)	ღალატი	ghalat'i
cometer adultério	ღალატი	ghalat'i
ciumento (adj)	ეჭვიანი	ech'viani
ser ciumento, -a	ეჭვიანობა	ech'vianoba
divórcio (m)	განქორწინება	gankorts'ineba
divorciar-se (vr)	განქორწინება	gankorts'ineba

brigar (discutir)	წაჩხუბება	ts'achkhubeba
fazer as pazes	შერიგება	sherigeba
juntos (ir ~)	ერთად	ertad
sexo (m)	სექსი	seksi

felicidade (f)	ბედნიერება	bedniereba
feliz (adj)	ბედნიერი	bednieri
infelicidade (f)	უბედურება	ubedureba
infeliz (adj)	უბედური	ubeduri

55

Caráter. Sentimentos. Emoções

58. Sentimentos. Emoções

sentimento (m)	გრძნობა	grdznoba
sentimentos (m pl)	გრძნობები	grdznobebi
sentir (vt)	გრძნობა	grdznoba
fome (f)	შიმშილი	shimshili
sede (f)	წყურვილი	ts'qurvili
sonolência (f)	მძინაroba	mdzinaroba
cansaço (m)	დაღლილობა	daghliloba
cansado (adj)	დაღლილი	daghlili
ficar cansado	დაღლა	daghla
humor (m)	გუნება	guneba
tédio (m)	მოწყენილობა	mots'qeniloba
entediar-se (vr)	მოწყენა	mots'qena
reclusão (isolamento)	განმარტოება	ganmart'oeba
isolar-se (vr)	განმარტოება	ganmart'oeba
preocupar (vt)	შეწუხება	shets'ukheba
estar preocupado	წუხილი	ts'ukhili
preocupação (f)	წუხილი	ts'ukhili
ansiedade (f)	მღელვარება	mghelvareba
preocupado (adj)	შეფიქრიანებული	shepikrianebuli
estar nervoso	ნერვიულობა	nerviuloba
entrar em pânico	პანიკიoroba	p'anik'ioroba
esperança (f)	იმედი	imedi
esperar (vt)	იმედოვნება	imedovneba
certeza (f)	რწმენა	rts'mena
certo, seguro de ...	დარწმუნებული	darts'munebuli
indecisão (f)	დაურწმუნებლობა	daurts'munebloba
indeciso (adj)	თავისი თავის	tavisi tavis
	რწმენის არმქონე	rts'menis armkone
bêbado (adj)	მთვრალი	mtvrali
sóbrio (adj)	ფხიზელი	pkhizeli
fraco (adj)	სუსტი	sust'i
feliz (adj)	ბედნიერი	bednieri
assustar (vt)	შეშინება	sheshineba
fúria (f)	გააფთრება	gaaptreba
ira, raiva (f)	გაშმაგება	gashmageba
depressão (f)	დეპრესია	dep'resia
desconforto (m)	დისკომფორტი	disk'omport'i
conforto (m)	კომფორტი	k'omport'i

arrepender-se (vr)	სინანული	sinanuli
arrependimento (m)	სინანული	sinanuli
azar (m), má sorte (f)	უიღბლობა	uighbloba
tristeza (f)	გულისტკივილი	gulist'k'ivili

vergonha (f)	სირცხვილი	sirtskhvili
alegria (f)	მხიარულება	mkhiaruleba
entusiasmo (m)	ენთუზიაზმი	entuziazmi
entusiasta (m)	ენთუზიასტი	entuziast'i
mostrar entusiasmo	ენთუზიაზმის გამოვლენა	entuziazmis gamovlena

59. Caráter. Personalidade

caráter (m)	ხასიათი	khasiati
falha (f) de caráter	ნაკლი	nak'li
mente (f)	ჭკუა	ch'k'ua
razão (f)	გონება	goneba

consciência (f)	სინდისი	sindisi
hábito, costume (m)	ჩვევა	chveva
habilidade (f)	უნარი	unari
saber (~ nadar, etc.)	ცოდნა	tsodna

paciente (adj)	მომთმენი	momtmeni
impaciente (adj)	მოუთმენელი	moutmeneli
curioso (adj)	ცნობისმოყვარე	tsnobismoqvare
curiosidade (f)	ცნობისმოყვარეობა	tsnobismoqvareoba

modéstia (f)	თავმდაბლობა	tavmdabloba
modesto (adj)	თავმდაბალი	tavmdabali
imodesto (adj)	მოურიდებელი	mouridebeli

preguiçoso (adj)	ზარმაცი	zarmatsi
preguiçoso (m)	ზარმაცი	zarmatsi

astúcia (f)	ეშმაკობა	eshmak'oba
astuto (adj)	ეშმაკი	eshmak'i
desconfiança (f)	უნდობლობა	undobloba
desconfiado (adj)	უნდობელი	undobeli

generosidade (f)	გულუხვობა	gulukhvoba
generoso (adj)	გულუხვი	gulukhvi
talentoso (adj)	ნიჭიერი	nich'ieri
talento (m)	ნიჭი	nich'i

corajoso (adj)	გულადი	guladi
coragem (f)	გულადობა	guladoba
honesto (adj)	პატიოსანი	p'at'iosani
honestidade (f)	პატიოსნება	p'at'iosneba

prudente, cuidadoso (adj)	ფრთხილი	prtkhili
valoroso (adj)	გაბედული	gabeduli
sério (adj)	სერიოზული	seriozuli
severo (adj)	მკაცრი	mk'atsri

decidido (adj)	გაბედული	gabeduli
indeciso (adj)	გაუბედავი	gaubedavi
tímido (adj)	გაუბედავი	gaubedavi
timidez (f)	გაუბედაობა	gaubedaoba

confiança (f)	ნდობა	ndoba
confiar (vt)	ნდობა	ndoba
crédulo (adj)	მიმნდობელი	mimndobeli

sinceramente	გულწრფელად	gults'rpelad
sincero (adj)	გულწრფელი	gults'rpeli
sinceridade (f)	გულწრფელობა	gults'rpeloba
aberto (adj)	გულღია	gulghia

calmo (adj)	წყნარი	ts'qnari
franco (adj)	გულახდილი	gulakhdili
ingênuo (adj)	მიამიტი	miamit'i
distraído (adj)	დაბნეული	dabneuli
engraçado (adj)	სასაცილო	sasatsilo

ganância (f)	სიძუნწე	sidzunts'e
ganancioso (adj)	ძუნწი	dzunts'i
avarento, sovina (adj)	ხელმოჭერილი	khelmoch'erili
mal (adj)	ბოროტი	borot'i
teimoso (adj)	ჯიუტი	jiut'i
desagradável (adj)	არასასიამოვნო	arasasiamovno

egoísta (m)	ეგოისტი	egoist'i
egoísta (adj)	ეგოისტური	egoist'uri
covarde (m)	მშიშარა	mshishara
covarde (adj)	მშიშარა	mshishara

60. O sono. Sonhos

dormir (vi)	დაძინება	dadzineba
sono (m)	ძილი	dzili
sonho (m)	სიზმარი	sizmari
sonhar (ver sonhos)	სიზმრების ნახვა	sizmrebis nakhva
sonolento (adj)	მძინარე	mdzinare

cama (f)	საწოლი	sats'oli
colchão (m)	ლეიბი	leibi
cobertor (m)	საბანი	sabani
travesseiro (m)	ბალიში	balishi
lençol (m)	ზეწარი	zets'ari

insônia (f)	უძილობა	udziloba
sem sono (adj)	უძილო	udzilo
sonífero (m)	საძილე წამალი	sadzile ts'amali
tomar um sonífero	საძილე წამლის მიღება	sadzile ts'amlis migheba

bocejar (vi)	მთქნარება	mtknareba
ir para a cama	დასაძინებლად წასვლა	dasadzineblad ts'asvla
fazer a cama	ლოგინის გაშლა	loginis gashla

adormecer (vi)	დაძინება	dadzineba
pesadelo (m)	კოშმარი	k'oshmari
ronco (m)	ხვრინვა	khvrinva
roncar (vi)	ხვრინვა	khvrinva

despertador (m)	მაღვიძარა	maghvidzara
acordar, despertar (vt)	გაღვიძება	gaghvidzeba
acordar (vi)	გაღვიძება	gaghvidzeba
levantar-se (vr)	წამოდგომა	ts'amodgoma
lavar-se (vr)	ხელ-პირის დაბანა	khel-p'iris dabana

61. Humor. Riso. Alegria

humor (m)	იუმორი	iumori
senso (m) de humor	გრძნობა	grdznoba
divertir-se (vr)	მხიარულება	mkhiaruleba
alegre (adj)	მხიარული	mkhiaruli
diversão (f)	მხიარულება	mkhiaruleba

sorriso (m)	ღიმილი	ghimili
sorrir (vi)	გაღიმება	gaghimeba
começar a rir	გაცინება	gatsineba
rir (vi)	სიცილი	sitsili
riso (m)	სიცილი	sitsili

anedota (f)	ანეკდოტი	anek'dot'i
engraçado (adj)	სასაცილო	sasatsilo
ridículo, cômico (adj)	სასაცილო	sasatsilo

brincar (vi)	ხუმრობა	khumroba
piada (f)	ხუმრობა	khumroba
alegria (f)	სიხარული	sikharuli
regozijar-se (vr)	გახარება	gakhareba
alegre (adj)	მხიარული	mkhiaruli

62. Discussão, conversação. Parte 1

comunicação (f)	ურთიერთობა	urtiertoba
comunicar-se (vr)	ურთიერთობის კონა	urtiertobis kona

conversa (f)	ლაპარაკი	lap'arak'i
diálogo (m)	დიალოგი	dialogi
discussão (f)	დისკუსია	disk'usia
debate (m)	კამათი	k'amati
debater (vt)	კამათი	k'amati

interlocutor (m)	თანამოსაუბრე	tanamosaubre
tema (m)	თემა	tema
ponto (m) de vista	თვალსაზრისი	tvalsazrisi
opinião (f)	აზრი	azri
discurso (m)	სიტყვა	sit'qva
discussão (f)	განხილვა	gankhilva

discutir (vt)	განხილვა	gankhilva
conversa (f)	საუბარი	saubari
conversar (vi)	საუბარი	saubari
reunião (f)	შეხვედრა	shekhvedra
encontrar-se (vr)	შეხვედრა	shekhvedra

provérbio (m)	ანდაზა	andaza
ditado, provérbio (m)	ანდაზური თქმა	andazuri tkma
adivinha (f)	ამოცანა	amotsana
dizer uma adivinha	გამოსაცნობად გამოცანის მიცემა	gamosatsnobad gamotsanis mitsema
senha (f)	პაროლი	p'aroli
segredo (m)	საიდუმლო	saidumlo

juramento (m)	ფიცი	pitsi
jurar (vi)	დაფიცება	dapitseba
promessa (f)	პირობა	p'iroba
prometer (vt)	დაპირება	dap'ireba

conselho (m)	რჩევა	rcheva
aconselhar (vt)	რჩევა	rcheva
escutar (~ os conselhos)	დაჯერება	dajereba

novidade, notícia (f)	ახალი ამბავი	akhali ambavi
sensação (f)	სენსაცია	sensatsia
informação (f)	ცნობები	tsnobebi
conclusão (f)	დასკვნა	dask'vna
voz (f)	ხმა	khma
elogio (m)	კომპლიმენტი	k'omp'liment'i
amável, querido (adj)	თავაზიანი	tavaziani

palavra (f)	სიტყვა	sit'qva
frase (f)	ფრაზა	praza
resposta (f)	პასუხი	p'asukhi

verdade (f)	სიმართლე	simartle
mentira (f)	ტყუილი	t'quili

pensamento (m)	აზროვნება	azrovneba
ideia (f)	აზრი	azri
fantasia (f)	გამოგონება	gamogoneba

63. Discussão, conversação. Parte 2

estimado, respeitado (adj)	პატივცემული	p'at'ivtsemuli
respeitar (vt)	პატივისცემა	p'at'ivistsema
respeito (m)	პატივისცემა	p'at'ivistsema
Estimado ..., Caro ...	პატივცემულო ...	p'at'ivtsemulo ...

apresentar (alguém a alguém)	გაცნობა	gatsnoba
intenção (f)	განზრახვა	ganzrakhva
tencionar (~ fazer algo)	განზრახვა	ganzrakhva
desejo (de boa sorte)	სურვილი	survili

desejar (ex. ~ boa sorte)	სურვილი	survili
surpresa (f)	გაკვირვება	gak'virveba
surpreender (vt)	გაკვირვება	gak'virveba
surpreender-se (vr)	გაკვირვება	gak'virveba
dar (vt)	მიცემა	mitsema
pegar (tomar)	აღება	agheba
devolver (vt)	დაბრუნება	dabruneba
retornar (vt)	დაბრუნება	dabruneba
desculpar-se (vr)	ბოდიშის მოხდა	bodishis mokhda
desculpa (f)	ბოდიშის მოხდა	bodishis mokhda
perdoar (vt)	პატიება	p'at'ieba
falar (vi)	ლაპარაკი	lap'arak'i
escutar (vt)	მოსმენა	mosmena
ouvir até o fim	მოსმენა	mosmena
entender (compreender)	გაგება	gageba
mostrar (vt)	ჩვენება	chveneba
olhar para ...	ყურება	qureba
chamar (alguém para ...)	დაძახება	dadzakheba
perturbar (vt)	ხელის შეშლა	khelis sheshla
entregar (~ em mãos)	გადაცემა	gadatsema
pedido (m)	თხოვნა	tkhovna
pedir (ex. ~ ajuda)	თხოვნა	tkhovna
exigência (f)	მოთხოვნა	motkhovna
exigir (vt)	მოთხოვნა	motkhovna
insultar (chamar nomes)	გაბრაზება	gabrazeba
zombar (vt)	დაცინვა	datsinva
zombaria (f)	დაცინვა	datsinva
alcunha (f), apelido (m)	მეტსახელი	met'sakheli
insinuação (f)	გადაკრული სიტყვა	gadak'ruli sit'qva
insinuar (vt)	სიტყვის გადაკვრა	sit'qvis gadak'vra
querer dizer	გულისხმობა	guliskhmoba
descrição (f)	აღწერა	aghts'era
descrever (vt)	აღწერა	aghts'era
elogio (m)	ქება	keba
elogiar (vt)	შექება	shekeba
desapontamento (m)	იმედის გაცრუება	imedis gatsrueba
desapontar (vt)	იმედის გაცრუება	imedis gatsrueba
desapontar-se (vr)	იმედის გაცრუება	imedis gatsrueba
suposição (f)	ვარაუდი	varaudi
supor (vt)	ვარაუდი	varaudi
advertência (f)	გაფრთხილება	gaprtkhileba
advertir (vt)	გაფრთხილება	gaprtkhileba

64. Discussão, conversação. Parte 3

convencer (vt)	დათანხმება	datankhmeba
acalmar (vt)	დამშვიდება	damshvideba
silêncio (o ~ é de ouro)	დუმილი	dumili
ficar em silêncio	დუმილი	dumili
sussurrar (vt)	ჩურჩული	churchuli
sussurro (m)	ჩურჩული	churchuli
francamente	გულახდილად	gulakhdilad
na minha opinião ...	ჩემის აზრით ...	chemis azrit ...
detalhe (~ da história)	წვრილმანი	ts'vrilmani
detalhado (adj)	დაწვრილებითი	dats'vrilebiti
detalhadamente	დაწვრილებით	dats'vrilebit
dica (f)	კარნახი	k'arnakhi
dar uma dica	კარნახი	k'arnakhi
olhar (m)	გამოხედვა	gamokhedva
dar uma olhada	შეხედვა	shekhedva
fixo (olhada ~a)	უსიცოცხლო	usitsotskhlo
piscar (vi)	თვალის ხამხამი	tvalis khamkhami
piscar (vt)	თვალის ჩაკვრა	tvalis chak'vra
acenar com a cabeça	თავის ქნევა	tavis kneva
suspiro (m)	ამოოხვრა	amookhvra
suspirar (vi)	ამოოხვრა	amookhvra
estremecer (vi)	შეკრთომა	shek'rtoma
gesto (m)	ჟესტი	zhest'i
tocar (com as mãos)	შეხება	shekheba
agarrar (~ pelo braço)	ხელის ჩაჭიდება	khelis chach'ideba
bater de leve	დაკვრა	dak'vra
Cuidado!	ფრთხილად!	prtkhilad!
Sério?	ნუთუ?	nutu?
Tem certeza?	დარწმუნებული ხარ?	darts'munebuli khar?
Boa sorte!	იღბალს გისურვებ!	ighbals gisurveb!
Entendi!	გასაგებია!	gasagebia!
Que pena!	სამწუხაროა!	samts'ukharoa!

65. Acordo. Recusa

consentimento (~ mútuo)	თანხმობა	tankhmoba
consentir (vi)	დათანხმება	datankhmeba
aprovação (f)	მოწონება	mots'oneba
aprovar (vt)	მოწონება	mots'oneba
recusa (f)	უარი	uari
negar-se a ...	უარის თქმა	uaris tkma
Ótimo!	კარგი!	k'argi!
Tudo bem!	კარგი!	k'argi!

Está bem! De acordo!	კარგი!	k'argi!
proibido (adj)	აკრძალული	ak'rdzaluli
é proibido	არ შეიძლება	ar sheidzleba
é impossível	შეუძლებელია	sheudzlebelia
incorreto (adj)	არასწორი	arasts'ori

rejeitar (~ um pedido)	უარის თქმა	uaris tkma
apoiar (vt)	მხარდაჭერა	mkhardach'era
aceitar (desculpas, etc.)	მიღება	migheba

confirmar (vt)	დადასტურება	dadast'ureba
confirmação (f)	დადასტურება	dadast'ureba
permissão (f)	ნებართვა	nebartva
permitir (vt)	ნების დართვა	nebis dartva
decisão (f)	გადაწყვეტილება	gadats'qvet'ileba
não dizer nada	გაჩუმება	gachumeba

condição (com uma ~)	პირობა	p'iroba
pretexto (m)	მომიზეზება	momizezeba
elogio (m)	ქება	keba
elogiar (vt)	შექება	shekeba

66. Sucesso. Boa sorte. Insucesso

êxito, sucesso (m)	წარმატება	ts'armat'eba
com êxito	წარმეტიბით	ts'armet'ibit
bem sucedido (adj)	წარმატებული	ts'armat'ebuli

sorte (fortuna)	ბედი	bedi
Boa sorte!	იღბალს გისურვებ!	ighbals gisurveb!
de sorte	წარმატებული	ts'armat'ebuli
sortudo, felizardo (adj)	იღბლიანი	ighbliani
fracasso (m)	წარუმატებლობა	ts'arumat'ebloba
pouca sorte (f)	უიღბლობა	uighbloba
azar (m), má sorte (f)	უიღბლობა	uighbloba
mal sucedido (adj)	ფუჭი	puch'i
catástrofe (f)	კატასტროფა	k'at'ast'ropa

orgulho (m)	სიამაყე	siamaqe
orgulhoso (adj)	ამაყი	amaqi
estar orgulhoso, -a	ამაყობა	amaqoba
vencedor (m)	გამარჯვებული	gamarjvebuli
vencer (vi, vt)	გამარჯვება	gamarjveba
perder (vt)	წაგება	ts'ageba
tentativa (f)	ცდა	tsda
tentar (vt)	ცდა	tsda
chance (m)	შანსი	shansi

67. Conflitos. Emoções negativas

grito (m)	ყვირილი	qvirili
gritar (vi)	ყვირილი	qvirili

começar a gritar	დაყვირება	daqvireba
discussão (f)	ჩხუბი	chkhubi
brigar (discutir)	წაჩხუბება	ts'achkhubeba
escândalo (m)	ჩხუბი	chkhubi
criar escândalo	ჩხუბი	chkhubi
conflito (m)	კონფლიქტი	k'onplikt'i
mal-entendido (m)	გაუგებრობა	gaugebroba
insulto (m)	შეურაცხყოფა	sheuratskhqopa
insultar (vt)	შეურაცხყოფა	sheuratskhqopa
insultado (adj)	შეურაცხყოფილი	sheuratskhqopili
ofensa (f)	წყენა	ts'qena
ofender (vt)	წყენინება	ts'qenineba
ofender-se (vr)	წყენა	ts'qena
indignação (f)	აღშფოთება	aghshpoteba
indignar-se (vr)	აღშფოთება	aghshpoteba
queixa (f)	ჩივილი	chivili
queixar-se (vr)	ჩივილი	chivili
desculpa (f)	ბოდიშის მოხდა	bodishis mokhda
desculpar-se (vr)	ბოდიშის მოხდა	bodishis mokhda
pedir perdão	პატიების თხოვნა	p'at'iebis tkhovna
crítica (f)	კრიტიკა	k'rit'ik'a
criticar (vt)	გაკრიტიკება	gak'rit'ik'eba
acusação (f)	ბრალდება	braldeba
acusar (vt)	დაბრალება	dabraleba
vingança (f)	შურისძიება	shurisdzieba
vingar (vt)	შურისძიება	shurisdzieba
vingar-se de	სამაგიეროს გადახდა	samagieros gadakhda
desprezo (m)	ზიზღი	zizghi
desprezar (vt)	ზიზღი	zizghi
ódio (m)	სიძულვილი	sidzulvili
odiar (vt)	სიძულვილი	sidzulvili
nervoso (adj)	ნერვიული	nerviuli
estar nervoso	ნერვიულობა	nerviuloba
zangado (adj)	გაბრაზებული	gabrazebuli
zangar (vt)	გაბრაზება	gabrazeba
humilhação (f)	დამცირება	damtsireba
humilhar (vt)	დამცირება	damtsireba
humilhar-se (vr)	დამცირება	damtsireba
choque (m)	შოკი	shok'i
chocar (vt)	შეგბუნება	shetsbuneba
aborrecimento (m)	უსიამოვნება	usiamovneba
desagradável (adj)	არასასიამოვნო	arasasiamovno
medo (m)	შიში	shishi
terrível (tempestade, etc.)	საშინელი	sashineli
assustador (ex. história ~a)	საშინელი	sashineli

| horror (m) | საშინელება | sashineleba |
| horrível (crime, etc.) | საშინელი | sashineli |

começar a tremer	აკანკალება	ak'ank'aleba
chorar (vi)	ტირილი	t'irili
começar a chorar	ატირება	at'ireba
lágrima (f)	ცრემლი	tsremli

falta (f)	ბრალი	brali
culpa (f)	ბრალი	brali
desonra (f)	სირცხვილი	sirtskhvili
protesto (m)	პროტესტი	p'rot'est'i
estresse (m)	სტრესი	st'resi

perturbar (vt)	ხელის შეშლა	khelis sheshla
zangar-se com ...	გაბრაზება	gabrazeba
zangado (irritado)	გაბრაზებული	gabrazebuli
terminar (vt)	შეწყვეტა	shets'qvet'a
praguejar	ლანძღვა	landzghva

assustar-se	შეშინება	sheshineba
golpear (vt)	დარტყმა	dart'qma
brigar (na rua, etc.)	ჩხუბი	chkhubi

resolver (o conflito)	მოგვარება	mogvareba
descontente (adj)	უკმაყოფილო	uk'maqopilo
furioso (adj)	გააფთრებული	gaaptrebuli

| Não está bem! | ეს ცუდია! | es tsudia! |
| É ruim! | ეს ცუდია! | es tsudia! |

Medicina

68. Doenças

doença (f)	ავადმყოფობა	avadmqopoba
estar doente	ავადმყოფობა	avadmqopoba
saúde (f)	ჯანმრთელობა	janmrteloba

nariz (m) escorrendo	სურდო	surdo
amigdalite (f)	ანგინა	angina
resfriado (m)	გაციება	gatsiveba
ficar resfriado	გაციება	gatsiveba

bronquite (f)	ბრონქიტი	bronkit'i
pneumonia (f)	ფილტვების ანთება	pilt'vebis anteba
gripe (f)	გრიპი	grip'i

míope (adj)	ახლომხედველი	akhlomkhedveli
presbita (adj)	შორსმხედველი	shorsmkhedveli
estrabismo (m)	სიელმე	sielme
estrábico, vesgo (adj)	ელამი	elami
catarata (f)	კატარაქტა	k'at'arakt'a
glaucoma (m)	გლაუკომა	glauk'oma

AVC (m), apoplexia (f)	ინსულტი	insult'i
ataque (m) cardíaco	ინფარქტი	inparkt'i
enfarte (m) do miocárdio	მიოკარდის ინფარქტი	miok'ardis inparkt'i
paralisia (f)	დამბლა	dambla
paralisar (vt)	დამბლის დაცემა	damblis datsema

alergia (f)	ალერგია	alergia
asma (f)	ასთმა	astma
diabetes (f)	დიაბეტი	diabet'i

dor (f) de dente	კბილის ტკივილი	k'bilis t'k'ivili
cárie (f)	კარიესი	k'ariesi

diarreia (f)	დიარეა	diarea
prisão (f) de ventre	კუჭში შეკრულობა	k'uch'shi shek'ruloba
desarranjo (m) intestinal	კუჭის აშლილობა	k'uch'is ashliloba
intoxicação (f) alimentar	მოწამვლა	mots'amvla
intoxicar-se	მოწამვლა	mots'amvla

artrite (f)	ართრიტი	artrit'i
raquitismo (m)	რაქიტი	rakit'i
reumatismo (m)	რევმატიზმი	revmat'izmi
arteriosclerose (f)	ათეროსკლეროზი	aterosk'lerozi

gastrite (f)	გასტრიტი	gast'rit'i
apendicite (f)	აპენდიციტი	ap'enditsit'i

| colecistite (f) | ქოლეცისტიტი | koletsist'it'i |
| úlcera (f) | წყლული | ts'qluli |

sarampo (m)	წითელა	ts'itela
rubéola (f)	წითურა	ts'itura
icterícia (f)	სიყვითლე	siqvitle
hepatite (f)	ჰეპატიტი	hep'at'it'i

esquizofrenia (f)	შიზოფრენია	shizoprenia
raiva (f)	ცოფი	tsopi
neurose (f)	ნევროზი	nevrozi
contusão (f) cerebral	ტვინის შერყევა	t'vinis sherqeva

câncer (m)	კიბო	k'ibo
esclerose (f)	სკლეროზი	sk'lerozi
esclerose (f) múltipla	გაფანტული სკლეროზი	gapant'uli sk'lerozi

alcoolismo (m)	ალკოჰოლიზმი	alk'oholizmi
alcoólico (m)	ალკოჰოლიკი	alk'oholik'i
sífilis (f)	სიფილისი	sipilisi
AIDS (f)	შიდსი	shidsi

tumor (m)	სიმსივნე	simsivne
febre (f)	ციება	tsieba
malária (f)	მალარია	malaria
gangrena (f)	განგრენა	gangrena
enjoo (m)	ზღვის ავადმყოფობა	zghvis avadmqopoba
epilepsia (f)	ეპილეფსია	ep'ilepsia

epidemia (f)	ეპიდემია	ep'idemia
tifo (m)	ტიფი	t'ipi
tuberculose (f)	ტუბერკულოზი	t'uberk'ulozi
cólera (f)	ქოლერა	kolera
peste (f) bubônica	შავი ჭირი	shavi ch'iri

69. Sintomas. Tratamentos. Parte 1

sintoma (m)	სიმპტომი	simp't'omi
temperatura (f)	სიცხე	sitskhe
febre (f)	მაღალი სიცხე	maghali sitskhe
pulso (m)	პულსი	p'ulsi

vertigem (f)	თავბრუსხვევა	tavbruskhveva
quente (testa, etc.)	ცხელი	tskheli
calafrio (m)	შეცივება	shetsieba
pálido (adj)	ფერმიხდილი	permikhdili

tosse (f)	ხველა	khvela
tossir (vi)	ხველება	khveleba
espirrar (vi)	ცხვირის ცემინება	tskhviris tsemineba
desmaio (m)	გულის წასვლა	gulis ts'asvla
desmaiar (vi)	გულის წასვლა	gulis ts'asvla
mancha (f) preta	ლები	lebi
galo (m)	კოპი	k'op'i

machucar-se (vr)	დაჯახება	dajakheba
contusão (f)	დაჟეჟილობა	dazhezhiloba
machucar-se (vr)	დაჟეჟვა	dazhezhva

mancar (vi)	კოჭლობა	k'och'loba
deslocamento (f)	ღრძობა	ghrdzoba
deslocar (vt)	ღრძობა	ghrdzoba
fratura (f)	მოტეხილობა	mot'ekhiloba
fraturar (vt)	მოტეხა	mot'ekha

corte (m)	ჭრილობა	ch'riloba
cortar-se (vr)	გაჭრა	gach'ra
hemorragia (f)	სისხლდენა	siskhldena

queimadura (f)	დამწვრობა	damts'vroba
queimar-se (vr)	დაწვა	dats'va

picar (vt)	ჩხვლეტა	chkhvlet'a
picar-se (vr)	ჩხვლეტა	chkhvlet'a
lesionar (vt)	დაზიანება	dazianeba
lesão (m)	დაზიანება	dazianeba
ferida (f), ferimento (m)	ჭრილობა	ch'riloba
trauma (m)	ტრავმა	t'ravma

delirar (vi)	ბოდვა	bodva
gaguejar (vi)	ბორძიკით ლაპარაკი	bordzik'it lap'arak'i
insolação (f)	მზის დაკვრა	mzis dak'vra

70. Sintomas. Tratamentos. Parte 2

dor (f)	ტკივილი	t'k'ivili
farpa (no dedo, etc.)	ბიწვი	khits'vi

suor (m)	ოფლი	opli
suar (vi)	გაოფლიანება	gaoplianeba
vômito (m)	პირღებინება	p'irghebineba
convulsões (f pl)	კრუნჩხვები	k'runchkhvebi

grávida (adj)	ორსული	orsuli
nascer (vi)	დაბადება	dabadeba
parto (m)	მშობიარობა	mshobiaroba
dar à luz	გაჩენა	gachena
aborto (m)	აბორტი	abort'i

respiração (f)	სუნთქვა	suntkva
inspiração (f)	შესუნთქვა	shesuntkva
expiração (f)	ამოსუნთქვა	amosuntkva
expirar (vi)	ამოსუნთქვა	amosuntkva
inspirar (vi)	შესუნთქვა	shesuntkva

inválido (m)	ინვალიდი	invalidi
aleijado (m)	ხეიბარი	kheibari
drogado (m)	ნარკომანი	nark'omani
surdo (adj)	ყრუ	qru

| mudo (adj) | მუნჯი | munji |
| surdo-mudo (adj) | ყრუ-მუნჯი | qru-munji |

louco, insano (adj)	გიჟი	gizhi
louco (m)	გიჟი	gizhi
louca (f)	გიჟი	gizhi
ficar louco	ჭკუაზე შეშლა	ch'k'uaze sheshla

gene (m)	გენი	geni
imunidade (f)	იმუნიტეტი	imunit'et'i
hereditário (adj)	მემკვიდრეობითი	memk'vidreobiti
congênito (adj)	თანდაყოლილი	tandaqolili

vírus (m)	ვირუსი	virusi
micróbio (m)	მიკრობი	mik'robi
bactéria (f)	ბაქტერია	bakt'eria
infecção (f)	ინფექcია	inpektsia

71. Sintomas. Tratamentos. Parte 3

| hospital (m) | საავადმყოფო | saavadmqopo |
| paciente (m) | პაციენტი | p'atsient'i |

diagnóstico (m)	დიაგნოზი	diagnozi
cura (f)	მკურნალობა	mk'urnaloba
curar-se (vr)	მკურნალობა	mk'urnaloba
tratar (vt)	მკურნალობა	mk'urnaloba
cuidar (pessoa)	მოვლა	movla
cuidado (m)	მოვლა	movla

operação (f)	ოპერაცია	op'eratsia
enfaixar (vt)	შეხვევა	shekhveva
enfaixamento (m)	სახვევი	sakhvevi

vacinação (f)	აცრა	atsra
vacinar (vt)	აცრის გაკეთება	atsris gak'eteba
injeção (f)	ნემსი	nemsi
dar uma injeção	ნემსის გაკეთება	nemsis gak'eteba

ataque (~ de asma, etc.)	შეტევა	shet'eva
amputação (f)	ამპუტაცია	amp'ut'atsia
amputar (vt)	ამპუტირება	amp'ut'ireba
coma (f)	კომა	k'oma
estar em coma	კომაში ყოფნა	k'omashi qopna
reanimação (f)	რეანიმაცია	reanimatsia

recuperar-se (vr)	გამოჯანმრთელება	gamojanmrteleba
estado (~ de saúde)	მდგომარეობა	mdgomareoba
consciência (perder a ~)	ცნობიერება	tsnobiereba
memória (f)	მეხსიერება	mekhsiereba

tirar (vt)	ამოღება	amogheba
obturação (f)	ბჟენი	bzheni
obturar (vt)	დაბჟენა	dabzhena

hipnose (f)	ჰიპნოზი	hip'nozi
hipnotizar (vt)	ჰიპნოტიზირება	hip'not'izireba

72. Médicos

médico (m)	ექიმი	ekimi
enfermeira (f)	მედდა	medda
médico (m) pessoal	პირადი ექიმი	p'iradi ekimi

dentista (m)	დანტისტი	dant'ist'i
oculista (m)	ოკულისტი	ok'ulist'i
terapeuta (m)	თერაპევტი	terap'evt'i
cirurgião (m)	ქირურგი	kirurgi

psiquiatra (m)	ფსიქიატრი	psikiat'ri
pediatra (m)	პედიატრი	p'ediat'ri
psicólogo (m)	ფსიქოლოგი	psikologi
ginecologista (m)	გინეკოლოგი	ginek'ologi
cardiologista (m)	კარდიოლოგი	k'ardiologi

73. Medicina. Drogas. Acessórios

medicamento (m)	წამალი	ts'amali
remédio (m)	საშუალება	sashualeba
receitar (vt)	გამოწერა	gamots'era
receita (f)	რეცეპტი	retsep't'i

comprimido (m)	აბი	abi
unguento (m)	მალამო	malamo
ampola (f)	ამპულა	amp'ula
solução, preparado (m)	მიქსტურა	mikst'ura
xarope (m)	სიროფი	siropi
cápsula (f)	აბი	abi
pó (m)	ფხვნილი	pkhvnili

atadura (f)	ბინტი	bint'i
algodão (m)	ბამბა	bamba
iodo (m)	იოდი	iodi

curativo (m) adesivo	ლეიკოპლასტირი	leik'op'last'iri
conta-gotas (m)	პიპეტი	p'ip'et'i
termômetro (m)	სიცხის საზომი	sitskhis sazomi
seringa (f)	შპრიცი	shp'ritsi

cadeira (f) de rodas	ეტლი	et'li
muletas (f pl)	ყავარჯნები	qavarjnebi

analgésico (m)	ტკივილგამაყუჩებელი	t'k'ivilgamaquchebeli
laxante (m)	სასაქმებელი	sasakmebeli
álcool (m)	სპირტი	sp'irt'i
ervas (f pl) medicinais	ბალახი	balakhi
de ervas (chá ~)	ბალახისა	balakhisa

74. Fumar. Produtos tabágicos

tabaco (m)	თამბაქო	tambako
cigarro (m)	სიგარეტი	sigaret'i
charuto (m)	სიგარა	sigara
cachimbo (m)	ჩიბუხი	chibukhi
maço (~ de cigarros)	კოლოფი	k'olopi
fósforos (m pl)	ასანთი	asanti
caixa (f) de fósforos	ასანთის კოლოფი	asantis k'olopi
isqueiro (m)	სანთებელა	santebela
cinzeiro (m)	საფერფლე	saperple
cigarreira (f)	პორტსიგარი	p'ort'sigari
piteira (f)	მუნდშტუკი	mundsht'uk'i
filtro (m)	ფილტრი	pilt'ri
fumar (vi, vt)	მოწევა	mots'eva
acender um cigarro	მოკიდება	mok'ideba
tabagismo (m)	მოწევა	mots'eva
fumante (m)	მწეველი	mts'eveli
bituca (f)	ნამწვი	namts'vi
fumaça (f)	კვამლი	k'vamli
cinza (f)	ფერფლი	perpli

HABITAT HUMANO

Cidade

75. Cidade. Vida na cidade

cidade (f)	ქალაქი	kalaki
capital (f)	დედაქალაქი	dedakalaki
aldeia (f)	სოფელი	sopeli
mapa (m) da cidade	ქალაქის გეგმა	kalakis gegma
centro (m) da cidade	ქალაქის ცენტრი	kalakis tsent'ri
subúrbio (m)	გარეუბანი	gareubani
suburbano (adj)	გარეუბნისა	gareubnisa
periferia (f)	გარეუბანი	gareubani
arredores (m pl)	მიდამოები	midamoebi
quarteirão (m)	კვარტალი	k'vart'ali
quarteirão (m) residencial	საცხოვრებელი კვარტალი	satskhovrebeli k'vart'ali
tráfego (m)	ქუჩაში მოძრაობა	kuchashi modzraoba
semáforo (m)	შუქნიშანი	shuknishani
transporte (m) público	ქალაქის ტრანსპორტი	kalakis t'ransp'ort'i
cruzamento (m)	გზაჯვარედინი	gzajvaredini
faixa (f)	საქვეითო გადასასვლელი	sakveito gadasasvleli
túnel (m) subterrâneo	მიწისქვეშა გადასასვლელი	mits'iskvesha gadasasvleli
cruzar, atravessar (vt)	გადასვლა	gadasvla
pedestre (m)	ფეხით მოსიარულე	pekhit mosiarule
calçada (f)	ტროტუარი	t'rot'uari
ponte (f)	ხიდი	khidi
margem (f) do rio	სანაპირო	sanap'iro
alameda (f)	ხეივანი	kheivani
parque (m)	პარკი	p'ark'i
bulevar (m)	ბულვარი	bulvari
praça (f)	მოედანი	moedani
avenida (f)	გამზირი	gamziri
rua (f)	ქუჩა	kucha
travessa (f)	შესახვევი	shesakhvevi
beco (m) sem saída	ჩიხი	chikhi
casa (f)	სახლი	sakhli
edifício, prédio (m)	შენობა	shenoba
arranha-céu (m)	ცათამბჯენი	tsatambjeni
fachada (f)	ფასადი	pasadi
telhado (m)	სახურავი	sakhuravi

janela (f)	ფანჯარა	panjara
arco (m)	თაღი	taghi
coluna (f)	სვეტი	svet'i
esquina (f)	კუთხე	k'utkhe

vitrine (f)	ვიტრინა	vit'rina
letreiro (m)	აბრა	abra
cartaz (do filme, etc.)	აფიშა	apisha
cartaz (m) publicitário	სარეკლამო პლაკატი	sarek'lamo p'lak'at'i
painel (m) publicitário	სარეკლამო ფარი	sarek'lamo pari

lixo (m)	ნაგავი	nagavi
lata (f) de lixo	ურნა	urna
jogar lixo na rua	მონაგვიანება	monagvianeba
aterro (m) sanitário	ნაგავსაყრელი	nagavsaqreli

orelhão (m)	სატელეფონო ჯიხური	sat'elepono jikhuri
poste (m) de luz	ფარნის ბოძი	parnis bodzi
banco (m)	სკამი	sk'ami

polícia (m)	პოლიციელი	p'olitsieli
polícia (instituição)	პოლიცია	p'olitsia
mendigo, pedinte (m)	მათხოვარი	matkhovari
desabrigado (m)	უსახლკარო	usakhlk'aro

76. Instituições urbanas

loja (f)	მაღაზია	maghazia
drogaria (f)	აფთიაქი	aptiaki
ótica (f)	ოპტიკა	op't'ik'a
centro (m) comercial	სავაჭრო ცენტრი	savach'ro tsent'ri
supermercado (m)	სუპერმარკეტი	sup'ermark'et'i

padaria (f)	საფუნთუშე	sapuntushe
padeiro (m)	მცხობელი	mtskhobeli
pastelaria (f)	საკონდიტრო	sak'ondit'ro
mercearia (f)	საბაყლო	sabaqlo
açougue (m)	საყასბე	saqasbe

| fruteira (f) | ბოსტნეულის დუქანი | bost'neulis dukani |
| mercado (m) | ბაზარი | bazari |

cafeteria (f)	ყავახანა	qavakhana
restaurante (m)	რესტორანი	rest'orani
bar (m)	ლუდხანა	ludkhana
pizzaria (f)	პიცერია	p'itseria

salão (m) de cabeleireiro	საპარიკმახერო	sap'arik'makhero
agência (f) dos correios	ფოსტა	post'a
lavanderia (f)	ქიმწმენდა	kimts'menda
estúdio (m) fotográfico	ფოტოატელიე	pot'oat'elie

| sapataria (f) | ფეხსაცმლის მაღაზია | pekhsatsmlis maghazia |
| livraria (f) | წიგნების მაღაზია | ts'ignebis maghazia |

73

loja (f) de artigos esportivos	სპორტული მაღაზია	sp'ort'uli maghazia
costureira (m)	ტანსაცმლის შეკეთება	t'ansatsmlis shek'eteba
aluguel (m) de roupa	ტანსაცმლის გაქირავება	t'ansatsmlis gakiraveba
videolocadora (f)	ფილმების გაქირავება	pilmebis gakiraveba
circo (m)	ცირკი	tsirk'i
jardim (m) zoológico	ზოოპარკი	zoop'ark'i
cinema (m)	კინოთეატრი	k'inoteat'ri
museu (m)	მუზეუმი	muzeumi
biblioteca (f)	ბიბლიოთეკა	bibliotek'a
teatro (m)	თეატრი	teat'ri
ópera (f)	ოპერა	op'era
boate (casa noturna)	ღამის კლუბი	ghamis k'lubi
cassino (m)	სამორინე	samorine
mesquita (f)	მეჩეთი	mecheti
sinagoga (f)	სინაგოგა	sinagoga
catedral (f)	ტაძარი	t'adzari
templo (m)	ტაძარი	t'adzari
igreja (f)	ეკლესია	ek'lesia
faculdade (f)	ინსტიტუტი	inst'it'ut'i
universidade (f)	უნივერსიტეტი	universit'et'i
escola (f)	სკოლა	sk'ola
prefeitura (f)	პრეფექტურა	p'repekt'ura
câmara (f) municipal	მერია	meria
hotel (m)	სასტუმრო	sast'umro
banco (m)	ბანკი	bank'i
embaixada (f)	საელჩო	saelcho
agência (f) de viagens	ტურისტული სააგენტო	t'urist'uli saagent'o
agência (f) de informações	ცნობათა ბიურო	tsnobata biuro
casa (f) de câmbio	გაცვლითი პუნქტი	gatsvliti p'unkt'i
metrô (m)	მეტრო	met'ro
hospital (m)	საავადმყოფო	saavadmqopo
posto (m) de gasolina	ბენზინგასამართი სადგური	benzingasamarti sadguri
parque (m) de estacionamento	ავტოსადგომი	avt'osadgomi

77. Transportes urbanos

ônibus (m)	ავტობუსი	avt'obusi
bonde (m) elétrico	ტრამვაი	t'ramvai
trólebus (m)	ტროლეიბუსი	t'roleibusi
rota (f), itinerário (m)	მარშრუტი	marshrut'i
número (m)	ნომერი	nomeri
ir de ... (carro, etc.)	მგზავრობა	mgzavroba
entrar no ...	ჩაჯდომა	chajdoma
descer do ...	ჩამოსვლა	chamosvla
parada (f)	გაჩერება	gachereba

próxima parada (f)	შემდეგი გაჩერება	shemdegi gachereba
terminal (m)	ბოლო გაჩერება	bolo gachereba
horário (m)	განრიგი	ganrigi
esperar (vt)	ლოდინი	lodini

passagem (f)	ბილეთი	bileti .
tarifa (f)	ბილეთის ღირებულება	biletis ghirebuleba

bilheteiro (m)	მოლარე	molare
controle (m) de passagens	კონტროლი	k'ont'roli
revisor (m)	კონტროლიორი	k'ont'roliori

atrasar-se (vr)	დაგვიანება	dagvianeba
perder (o autocarro, etc.)	დაგვიანება	dagvianeba
estar com pressa	აჩქარება	achkareba

táxi (m)	ტაქსი	t'aksi
taxista (m)	ტაქსისტი	t'aksist'i
de táxi (ir ~)	ტაქსით	t'aksit
ponto (m) de táxis	ტაქსის სადგომი	t'aksis sadgomi
chamar um táxi	ტაქსის გამოძახება	t'aksis gamodzakheba
pegar um táxi	ტაქსის აყვანა	t'aksis aqvana

tráfego (m)	ქუჩაში მოძრაობა	kuchashi modzraoba
engarrafamento (m)	საცობი	satsobi
horas (f pl) de pico	პიკის საათები	p'ik'is saatebi
estacionar (vi)	პარკირება	p'ark'ireba
estacionar (vt)	პარკირება	p'ark'ireba
parque (m) de estacionamento	სადგომი	sadgomi

metrô (m)	მეტრო	met'ro
estação (f)	სადგური	sadguri
ir de metrô	მეტროთი მგზავრობა	met'roti mgzavroba
trem (m)	მატარებელი	mat'arebeli
estação (f) de trem	ვაგზალი	vagzali

78. Turismo

monumento (m)	ძეგლი	dzegli
fortaleza (f)	ციხე-სიმაგრე	tsikhe-simagre
palácio (m)	სასახლე	sasakhle
castelo (m)	ციხე-დარბაზი	tsikhe-darbazi
torre (f)	კოშკი	k'oshk'i
mausoléu (m)	მავზოლეუმი	mavzoleumi

arquitetura (f)	არქიტექტურა	arkit'ekt'ura
medieval (adj)	შუა საუკუნეებისა	shua sauk'uneebisa
antigo (adj)	ძველებური	dzveleburi
nacional (adj)	ეროვნული	erovnuli
famoso, conhecido (adj)	ცნობილი	tsnobili

turista (m)	ტურისტი	t'urist'i
guia (pessoa)	გიდი	gidi
excursão (f)	ექსკურსია	eksk'ursia

mostrar (vt)	ჩვენება	chveneba
contar (vt)	მოთხრობა	motkhroba

encontrar (vt)	პოვნა	p'ovna
perder-se (vr)	დაკარგვა	dak'argva
mapa (~ do metrô)	სქემა	skema
mapa (~ da cidade)	გეგმა	gegma

lembrança (f), presente (m)	სუვენირი	suveniri
loja (f) de presentes	სუვენირების მაღაზია	suvenirebis maghazia
tirar fotos, fotografar	სურათის გადაღება	suratis gadagheba
fotografar-se (vr)	სურათის გადაღება	suratis gadagheba

79. Compras

comprar (vt)	ყიდვა	qidva
compra (f)	ნაყიდი	naqidi
compras (f pl)	შოპინგი	shop'ingi

estar aberta (loja)	მუშაობა	mushaoba
estar fechada	დაკეტვა	dak'et'va

calçado (m)	ფეხსაცმელი	pekhsatsmeli
roupa (f)	ტანსაცმელი	t'ansatsmeli
cosméticos (m pl)	კოსმეტიკა	k'osmet'ik'a
alimentos (m pl)	პროდუქტები	p'rodukt'ebi
presente (m)	საჩუქარი	sachukari

vendedor (m)	გამყიდველი	gamqidveli
vendedora (f)	გამყიდველი	gamqidveli
caixa (f)	სალარო	salaro
espelho (m)	სარკე	sark'e
balcão (m)	დახლი	dakhli
provador (m)	მოსაზომი ოთახი	mosazomi otakhi

provar (vt)	მოზომება	mozomeba
servir (roupa, caber)	მორგება	morgeba
gostar (apreciar)	მოწონება	mots'oneba

preço (m)	ფასი	pasi
etiqueta (f) de preço	საფასარი	sapasari
custar (vt)	ღირება	ghireba
Quanto?	რამდენი?	ramdeni?
desconto (m)	ფასდაკლება	pasdak'leba

não caro (adj)	საკმაოდ იაფი	sak'maod iapi
barato (adj)	იაფი	iapi
caro (adj)	ძვირი	dzviri
É caro	ეს ძვირია	es dzviria

aluguel (m)	გაქირავება	gakiraveba
alugar (roupas, etc.)	ქირით აღება	kirit agheba
crédito (m)	კრედიტი	k'redit'i
a crédito	სესხად	seskhad

80. Dinheiro

dinheiro (m)	ფული	puli
câmbio (m)	გაცვლა	gatsvla
taxa (f) de câmbio	კურსი	k'ursi
caixa (m) eletrônico	ბანკომატი	bank'omat'i
moeda (f)	მონეტა	monet'a
dólar (m)	დოლარი	dolari
euro (m)	ევრო	evro
lira (f)	ლირა	lira
marco (m)	მარკა	mark'a
franco (m)	ფრანკი	prank'i
libra (f) esterlina	გირვანქა სტერლინგი	girvanka st'erlingi
iene (m)	იენა	iena
dívida (f)	ვალი	vali
devedor (m)	მოვალე	movale
emprestar (vt)	ნისიად მიცემა	nisiad mitsema
pedir emprestado	ნისიად აღება	nisiad agheba
banco (m)	ბანკი	bank'i
conta (f)	ანგარიში	angarishi
depositar na conta	ანგარიშზე დადება	angarishze dadeba
sacar (vt)	ანგარიშიდან მოხსნა	angarishidan mokhsna
cartão (m) de crédito	საკრედიტო ბარათი	sak'redit'o barati
dinheiro (m) vivo	ნაღდი ფული	naghdi puli
cheque (m)	ჩეკი	chek'i
passar um cheque	ჩეკის გამოწერა	chek'is gamots'era
talão (m) de cheques	ჩეკების წიგნაკი	chek'ebis ts'ignak'i
carteira (f)	საფულე	sapule
niqueleira (f)	საფულე	sapule
cofre (m)	სეიფი	seipi
herdeiro (m)	მემკვიდრე	memk'vidre
herança (f)	მემკვიდრეობა	memk'vidreoba
fortuna (riqueza)	ქონება	koneba
arrendamento (m)	იჯარა	ijara
aluguel (pagar o ~)	ბინის ქira	binis kira
alugar (vt)	დაქირავება	dakiraveba
preço (m)	ფასი	pasi
custo (m)	ღირებულება	ghirebuleba
soma (f)	თანხა	tankha
gastar (vt)	ხარჯვა	kharjva
gastos (m pl)	ხარჯები	kharjebi
economizar (vi)	დაზოგვა	dazogva
econômico (adj)	მომჭირნე	momch'irne
pagar (vt)	გადახდა	gadakhda
pagamento (m)	საზღაური	sazghauri

troco (m)	ხურდა	khurda
imposto (m)	გადასახადი	gadasakhadi
multa (f)	ჯარიმა	jarima
multar (vt)	დაჯარიმება	dajarimeba

81. Correios. Serviço postal

agência (f) dos correios	ფოსტა	post'a
correio (m)	ფოსტა	post'a
carteiro (m)	ფოსტალიონი	post'alioni
horário (m)	სამუშაო საათები	samushao saatebi

carta (f)	წერილი	ts'erili
carta (f) registada	დაზღვეული წერილი	dazghveuli ts'erili
cartão (m) postal	ღია ბარათი	ghia barati
telegrama (m)	დეპეშა	dep'esha
encomenda (f)	ამანათი	amanati
transferência (f) de dinheiro	ფულადი გზავნილი	puladi gzavnili

receber (vt)	მიღება	migheba
enviar (vt)	გაგზავნა	gagzavna
envio (m)	გაგზავნა	gagzavna

endereço (m)	მისამართი	misamarti
código (m) postal	ინდექსი	indeksi
remetente (m)	გამგზავნი	gamgzavni
destinatário (m)	მიმღები	mimghebi

| nome (m) | სახელი | sakheli |
| sobrenome (m) | გვარი | gvari |

tarifa (f)	ტარიფი	t'aripi
ordinário (adj)	ჩვეულებრივი	chveulebrivi
econômico (adj)	ეკონომიური	ek'onomiuri

peso (m)	წონა	ts'ona
pesar (estabelecer o peso)	აწონვა	ats'onva
envelope (m)	კონვერტი	k'onvert'i
selo (m) postal	მარკა	mark'a

Moradia. Casa. Lar

82. Casa. Habitação

casa (f)	სახლი	sakhli
em casa	შინ	shin
pátio (m), quintal (f)	ეზო	ezo
cerca, grade (f)	გალავანი	galavani

tijolo (m)	აგური	aguri
de tijolos	აგურისა	agurisa
pedra (f)	ქვა	kva
de pedra	ქვისა	kvisa
concreto (m)	ბეტონი	bet'oni
concreto (adj)	ბეტონისა	bet'onisa

novo (adj)	ახალი	akhali
velho (adj)	ძველი	dzveli
decrépito (adj)	ძველი	dzveli
moderno (adj)	თანამედროვე	tanamedrove
de vários andares	მრავალსართულიანი	mravalsartuliani
alto (adj)	მაღალი	maghali

andar (m)	სართული	sartuli
de um andar	ერთსართულიანი	ertsartuliani

térreo (m)	ქვედა სართული	kveda sartuli
andar (m) de cima	ზედა სართული	zeda sartuli

telhado (m)	სახურავი	sakhuravi
chaminé (f)	მილი	mili

telha (f)	კრამიტი	k'ramit'i
de telha	კრამიტისა	k'ramit'isa
sótão (m)	სხვენი	skhveni

janela (f)	ფანჯარა	panjara
vidro (m)	მინა	mina

parapeito (m)	ფანჯრის რაფა	panjris rapa
persianas (f pl)	დარაბები	darabebi

parede (f)	კედელი	k'edeli
varanda (f)	აივანი	aivani
calha (f)	წყალსადინარი მილი	ts'qalsadinari mili

em cima	ზევით	zevit
subir (vi)	ასვლა	asvla
descer (vi)	ჩასვლა	chasvla
mudar-se (vr)	გადასვლა	gadasvla

83. Casa. Entrada. Elevador

entrada (f)	სადარბაზო	sadarbazo
escada (f)	კიბე	k'ibe
degraus (m pl)	საფეხურები	sapekhurebi
corrimão (m)	მოაჯირი	moajiri
hall (m) de entrada	ჰოლი	holi

caixa (f) de correio	საფოსტო ყუთი	sapost'o quti
lata (f) do lixo	სანაგვე ბაკი	sanagve bak'i
calha (f) de lixo	ნაგავსატარი	nagavsat'ari

elevador (m)	ლიფტი	lipt'i
elevador (m) de carga	სატვირთო ლიფტი	sat'virto lipt'i
cabine (f)	კაბინა	k'abina
pegar o elevador	ლიფტით მგზავრობა	lipt'it mgzavroba

apartamento (m)	ბინა	bina
residentes (pl)	მობინადრეები	mobinadreebi
vizinhos (pl)	მეზობლები	mezoblebi

84. Casa. Portas. Fechaduras

porta (f)	კარი	k'ari
portão (m)	ჭიშკარი	ch'ishk'ari
maçaneta (f)	სახელური	sakheluri
destrancar (vt)	გაღება	gagheba
abrir (vt)	გაღება	gagheba
fechar (vt)	დაკეტვა	dak'et'va

chave (f)	გასაღები	gasaghebi
molho (m)	ასხმულა	askhmula
ranger (vi)	ჭრიალი	ch'riali
rangido (m)	ჭრიალი	ch'riali
dobradiça (f)	ანჯამა	anjama
capacho (m)	პატარა ნოხი	p'at'ara nokhi

fechadura (f)	საკეტი	sak'et'i
buraco (m) da fechadura	საკლიტე	sak'lit'e
barra (f)	ურდული	urduli
fecho (ferrolho pequeno)	ურდული	urduli
cadeado (m)	ბოქლომი	boklomi

tocar (vt)	რეკვა	rek'va
toque (m)	ზარი	zari
campainha (f)	ზარი	zari
botão (m)	ღილაკი	ghilak'i
batida (f)	კაკუნი	k'ak'uni
bater (vi)	კაკუნი	k'ak'uni

código (m)	კოდი	k'odi
fechadura (f) de código	კოდის საკეტი	k'odis sak'et'i
interfone (m)	დომოფონი	domoponi

número (m)	ნომერი	nomeri
placa (f) de porta	ფირნიში	pirnishi
olho (m) mágico	სათვალთვალო	satvaltvalo

85. Casa de campo

aldeia (f)	სოფელი	sopeli
horta (f)	ბოსტანი	bost'ani
cerca (f)	ღობე	ghobe
cerca (f) de piquete	ღობე	ghobe
portão (f) do jardim	ბატარა ჩიშკარი	p'at'ara ch'ishk'ari

celeiro (m)	ბეღელი	begheli
adega (f)	სარდაფი	sardapi
galpão, barracão (m)	ფარდული	parduli
poço (m)	ჭა	ch'a

fogão (m)	ღუმელი	ghumeli
atiçar o fogo	დანთება	danteba
lenha (carvão ou ~)	შეშა	shesha
acha, lenha (f)	ნაპობი	nap'obi

varanda (f)	ვერანდა	veranda
alpendre (m)	ტერასა	t'erasa
degraus (m pl) de entrada	პარმაღი	p'armaghi
balanço (m)	საქანელა	sakanela

86. Castelo. Palácio

castelo (m)	ციხე-დარბაზი	tsikhe-darbazi
palácio (m)	სასახლე	sasakhle
fortaleza (f)	ციხე-სიმაგრე	tsikhe-simagre
muralha (f)	გალავანი	galavani
torre (f)	კოშკი	k'oshk'i
calabouço (m)	მთავარი კოშკი	mtavari k'oshk'i

grade (f) levadiça	ასაწევი ჩიშკარი	asats'evi ch'ishk'ari
passagem (f) subterrânea	მიწისქვეშა გასასვლელი	mits'iskvesha gasasvleli
fosso (m)	თხრილი	tkhrili
corrente, cadeia (f)	ჯაჭვი	jach'vi
seteira (f)	სატოფური	satopuri
magnífico (adj)	ჩინებული	chinebuli
majestoso (adj)	დიდებული	didebuli
inexpugnável (adj)	მიუდგომელი	miudgomeli
medieval (adj)	შუა საუკუნეებისა	shua sauk'uneebisa

87. Apartamento

| apartamento (m) | ბინა | bina |
| quarto, cômodo (m) | ოთახი | otakhi |

quarto (m) de dormir	საწოლი ოთახი	sats'oli otakhi
sala (f) de jantar	სასადილო ოთახი	sasadilo otakhi
sala (f) de estar	სასტუმრო ოთახი	sast'umro otakhi
escritório (m)	კაბინეტი	k'abinet'i

sala (f) de entrada	წინა ოთახი	ts'ina otakhi
banheiro (m)	საabazano ოთახი	saabazano otakhi
lavabo (m)	საპირფარეშო	sap'irparesho

teto (m)	ჭერი	ch'eri
chão, piso (m)	იატაკი	iat'ak'i
canto (m)	კუთხე	k'utkhe

88. Apartamento. Limpeza

arrumar, limpar (vt)	დალაგება	dalageba
guardar (no armário, etc.)	აღება	agheba
pó (m)	მტვერი	mt'veri
empoeirado (adj)	მტვრიანი	mt'vriani
tirar o pó	მტვრის მოწმენდა	mt'vris mots'menda
aspirador (m)	მტვერსასრუტი	mt'versasrut'i
aspirar (vt)	მტვერსასრუტით მოწმენდა	mt'versasrut'it mots'menda

varrer (vt)	დაგვა	dagva
sujeira (f)	ნაგავი	nagavi
arrumação, ordem (f)	წესრიგი	ts'esrigi
desordem (f)	უწესრიგობა	uts'esrigoba

esfregão (m)	შვაბრა	shvabra
pano (m), trapo (m)	ჩვარი	chvari
vassoura (f)	ცოცხი	tsotskhi
pá (f) de lixo	აქანდაზი	akandazi

89. Mobiliário. Interior

mobiliário (m)	ავეჯი	aveji
mesa (f)	მაგიდა	magida
cadeira (f)	სკამი	sk'ami
cama (f)	საწოლი	sats'oli
sofá, divã (m)	დივანი	divani
poltrona (f)	სავარძელი	savardzeli

estante (f)	კარადა	k'arada
prateleira (f)	თარო	taro

guarda-roupas (m)	კარადა	k'arada
cabide (m) de parede	საკიდი	sak'idi
cabideiro (m) de pé	საკიდი	sak'idi

cômoda (f)	კომოდი	k'omodi
mesinha (f) de centro	ჟურნალების მაგიდა	zhurnalebis magida
espelho (m)	სარკე	sark'e

tapete (m)	ხალიჩა	khalicha
tapete (m) pequeno	პატარა ნოხი	p'at'ara nokhi
lareira (f)	ბუხარი	bukhari
vela (f)	სანთელი	santeli
castiçal (m)	შანდალი	shandali
cortinas (f pl)	ფარდები	pardebi
papel (m) de parede	შპალერი	shp'aleri
persianas (f pl)	ჟალუზი	zhaluzi
luminária (f) de mesa	მაგიდის ლამპა	magidis lamp'a
luminária (f) de parede	ლამპარი	lamp'ari
abajur (m) de pé	ტორშერი	t'orsheri
lustre (m)	ჭაღი	ch'aghi
pé (de mesa, etc.)	ფეხი	pekhi
braço, descanso (m)	საიდაყვე	saidaqve
costas (f pl)	ზურგი	zurgi
gaveta (f)	უჯრა	ujra

90. Quarto de dormir

roupa (f) de cama	თეთრეული	tetreuli
travesseiro (m)	ბალიში	balishi
fronha (f)	ბალიშისპირი	balishisp'iri
cobertor (m)	საბანი	sabani
lençol (m)	ზეწარი	zets'ari
colcha (f)	გადასაფარებელი	gadasaparebeli

91. Cozinha

cozinha (f)	სამზარეულო	samzareulo
gás (m)	აირი	airi
fogão (m) a gás	გაზქურა	gazkura
fogão (m) elétrico	ელექტროქურა	elekt'rokura
forno (m)	ფურნაკი	purnak'i
forno (m) de micro-ondas	მიკროტალღოვანი ღუმელი	mik'rot'alghovani ghumeli
geladeira (f)	მაცივარი	matsivari
congelador (m)	საყინულე	saqinule
máquina (f) de lavar louça	ჭურჭლის სარეცხი მანქანა	ch'urch'lis saretskhi mankana
moedor (m) de carne	ხორცსაკეპი	khortssak'ep'i
espremedor (m)	წვენსაწური	ts'vensats'uri
torradeira (f)	ტოსტერი	t'ost'eri
batedeira (f)	მიქსერი	mikseri
máquina (f) de café	ყავის სახარში	qavis sakharshi
cafeteira (f)	ყავადანი	qavadani
moedor (m) de café	ყავის საფქვავი	qavis sapkvavi
chaleira (f)	ჩაიდანი	chaidani

bule (m)	ჩაიდანი	chaidani
tampa (f)	ხუფი	khupi
coador (m) de chá	საწური	sats'uri

colher (f)	კოვზი	k'ovzi
colher (f) de chá	ჩაის კოვზი	chais k'ovzi
colher (f) de sopa	სადილის კოვზი	sadilis k'ovzi
garfo (m)	ჩანგალი	changali
faca (f)	დანა	dana

louça (f)	ჭურჭელი	ch'urch'eli
prato (m)	თეფში	tepshi
pires (m)	ლამბაქი	lambaki

cálice (m)	სირჩა	sircha
copo (m)	ჭიქა	ch'ika
xícara (f)	ფინჯანი	pinjani

açucareiro (m)	საშაქრე	sashakre
saleiro (m)	სამარილე	samarile
pimenteiro (m)	საპილპილე	sap'ilp'ile
manteigueira (f)	საკარაქე	sak'arake

panela (f)	ქვაბი	kvabi
frigideira (f)	ტაფა	t'apa
concha (f)	ჩამჩა	chamcha
coador (m)	თუშფალანგი	tushpalangi
bandeja (f)	ლანგარი	langari

garrafa (f)	ბოთლი	botli
pote (m) de vidro	ქილა	kila
lata (~ de cerveja)	ქილა	kila

abridor (m) de garrafa	გასახსნელი	gasakhsneli
abridor (m) de latas	გასახსნელი	gasakhsneli
saca-rolhas (m)	შტოპორი	sht'op'ori
filtro (m)	ფილტრი	pilt'ri
filtrar (vt)	ფილტვრა	pilt'vra

lixo (m)	ნაგავი	nagavi
lixeira (f)	სანაგვე ვედრო	sanagve vedro

92. Casa de banho

banheiro (m)	საabazaნო ოთახი	saabazano otakhi
água (f)	წყალი	ts'qali
torneira (f)	ონკანი	onk'ani
água (f) quente	ცხელი წყალი	tskheli ts'qali
água (f) fria	ცივი წყალი	tsivi ts'qali

pasta (f) de dente	კბილის პასტა	k'bilis p'ast'a
escovar os dentes	კბილების წმენდა	k'bilebis ts'menda
barbear-se (vr)	პარსვა	p'arsva
espuma (f) de barbear	საპარსი ქაფი	sap'arsi kapi

gilete (f)	სამართებელი	samartebeli
lavar (vt)	რეცხვა	retskhva
tomar banho	დაბანა	dabana
chuveiro (m), ducha (f)	შხაპი	shkhap'i
tomar uma ducha	შხაპის მიღება	shkhap'is migheba

banheira (f)	აბაზანა	abazana
vaso (m) sanitário	უნიტაზი	unit'azi
pia (f)	ნიჟარა	nizhara

sabonete (m)	საპონი	sap'oni
saboneteira (f)	სასაპნე	sasap'ne

esponja (f)	ღრუბელი	ghrubeli
xampu (m)	შამპუნი	shamp'uni
toalha (f)	პირსახოცი	p'irsakhotsi
roupão (m) de banho	ხალათი	khalati

lavagem (f)	რეცხვა	retskhva
lavadora (f) de roupas	სარეცხი მანქანა	saretskhi mankana
lavar a roupa	თეთრეულის რეცხვა	tetreulis retsvkha
detergente (m)	სარეცხი ფხვნილი	saretskhi pkhvnili

93. Eletrodomésticos

televisor (m)	ტელევიზორი	t'elevizori
gravador (m)	მაგნიტოფონი	magnit'oponi
videogravador (m)	ვიდეომაგნიტოფონი	videomagnit'oponi
rádio (m)	მიმღები	mimghebi
leitor (m)	ფლეერი	pleeri

projetor (m)	ვიდეოპროექტორი	videop'roekt'ori
cinema (m) em casa	სახლის კინოთეატრი	sakhlis k'inoteat'ri
DVD Player (m)	DVD-საკრავი	DVD-sak'ravi
amplificador (m)	გამაძლიერებელი	gamadzlierebeli
console (f) de jogos	სათამაშო მისადგამი	satamasho misadgami

câmera (f) de vídeo	ვიდეოკამერა	videok'amera
máquina (f) fotográfica	ფოტოაპარატი	pot'oap'arat'i
câmera (f) digital	ციფრული ფოტოაპარატი	tsipruli pot'oap'arat'i

aspirador (m)	მტვერსასრუტი	mt'versasrut'i
ferro (m) de passar	უთო	uto
tábua (f) de passar	საუთოებელი დაფა	sautoebeli dapa

telefone (m)	ტელეფონი	t'eleponi
celular (m)	მობილური ტელეფონი	mobiluri t'eleponi
máquina (f) de escrever	მანქანა	mankana
máquina (f) de costura	მანქანა	mankana

microfone (m)	მიკროფონი	mik'roponi
fone (m) de ouvido	საყურისი	saqurisi
controle remoto (m)	პულტი	p'ult'i
CD (m)	CD-დისკი	CD-disk'i

| fita (f) cassete | კასეტი | k'aset'i |
| disco (m) de vinil | ფირფიტა | pirpit'a |

94. Reparações. Renovação

renovação (f)	რემონტი	remont'i
renovar (vt), fazer obras	რემონტის კეთება	remont'is k'eteba
reparar (vt)	გარემონტება	garemont'eba
consertar (vt)	წესრიგში მოყვანა	ts'esrigshi moqvana
refazer (vt)	გადაკეთება	gadak'eteba

tinta (f)	საღებავი	saghebavi
pintar (vt)	ღებვა	ghebva
pintor (m)	მღებავი	mghebavi
pincel (m)	ფუნჯი	punji

| cal (f) | თეთრა | tetra |
| caiar (vt) | შეთეთრება | shetetreba |

papel (m) de parede	შპალერი	shp'aleri
colocar papel de parede	შპალერის გაკვრა	shp'aleris gak'vra
verniz (m)	ლაქი	laki
envernizar (vt)	გალაქვა	galakva

95. Canalizações

água (f)	წყალი	ts'qali
água (f) quente	ცხელი წყალი	tskheli ts'qali
água (f) fria	ცივი წყალი	tsivi ts'qali
torneira (f)	ონკანი	onk'ani

gota (f)	წვეთი	ts'veti
gotejar (vi)	წვეთა	ts'veta
vazar (vt)	დინება	dineba

| vazamento (m) | გადენა | gadena |
| poça (f) | გუბე | gube |

tubo (m)	მილი	mili
válvula (f)	ვენტილი	vent'ili
entupir-se (vr)	გაჭედვა	gach'edva

| ferramentas (f pl) | ხელსაწყოები | khelsats'qoebi |
| chave (f) inglesa | ქანჩის გასაღები | kanchis gasaghebi |

| desenroscar (vt) | მოშვება | moshveba |
| enroscar (vt) | მოჭერა | moch'era |

desentupir (vt)	გამოწმენდა	gamots'menda
encanador (m)	სანტექნიკოსი	sant'eknik'osi
porão (m)	სარდაფი	sardapi
rede (f) de esgotos	კანალიზაცია	k'analizatsia

96. Fogo. Deflagração

incêndio (m)	ცეცხლი	tsetskhli
chama (f)	ალი	ali
faísca (f)	ნაპერწკალი	nap'erts'k'ali
fumaça (f)	კვამლი	k'vamli
tocha (f)	ჩირაღდანი	chiraghdani
fogueira (f)	კოცონი	k'otsoni

gasolina (f)	ბენზინი	benzini
querosene (m)	ნავთი	navti
inflamável (adj)	საწვავი	sats'vavi
explosivo (adj)	ფეთქებადსაშიში	petkebadsashishi
PROIBIDO FUMAR!	ნუ მოსწევთ!	nu mosts'evt!

segurança (f)	უსაფრთხოება	usaprtkhoeba
perigo (m)	საშიშროება	sashishroeba
perigoso (adj)	საშიში	sashishi

incendiar-se (vr)	ცეცხლის მოკიდება	tsetskhlis mok'ideba
explosão (f)	აფეთქება	apetkeba
incendiar (vt)	ცეცხლის წაკიდება	tsetskhlis ts'ak'ideba
incendiário (m)	ცეცხლის წამკიდებელი	tsetskhlis ts'amk'idebeli
incêndio (m) criminoso	ცეცხლის წაკიდება	tsetskhlis ts'ak'ideba

flamejar (vi)	ბრიალი	briali
queimar (vi)	წვა	ts'va
queimar tudo (vi)	დაწვა	dats'va

chamar os bombeiros	მეხანძრეების გამომძახება	mekhandzreebis gamodzakheba
bombeiro (m)	მეხანძრე	mekhandzre
caminhão (m) de bombeiros	სახანძრო მანქანა	sakhandzro mankana
corpo (m) de bombeiros	სახანძრო რაზმი	sakhandzro razmi
escada (f) extensível	სახანძრო კიბე	sakhandzro k'ibe

mangueira (f)	შლანგი	shlangi
extintor (m)	ცეცხლსაქრობი	tsetskhlsakrobi
capacete (m)	კასკა	k'ask'a
sirene (f)	სირენა	sirena

gritar (vi)	ყვირილი	qvirili
chamar por socorro	დასახმარებლად დაძახება	dasakhmareblad dadzakheba
socorrista (m)	მაშველი	mashveli
salvar, resgatar (vt)	გადარჩენა	gadarchena

chegar (vi)	მოსვლა	mosvla
apagar (vt)	ჩაქრობა	chakroba
água (f)	წყალი	ts'qali
areia (f)	ქვიშა	kvisha

ruínas (f pl)	ნანგრევები	nangrevebi
ruir (vi)	ჩანგრევა	changreva
desmoronar (vi)	ჩამონგრევა	chamongreva
desabar (vi)	ჩამონგრევა	chamongreva

fragmento (m)	ნამტვრევი	namt'vrevi
cinza (f)	ფერფლი	perpli

sufocar (vi)	გაგუდვა	gagudva
perecer (vi)	დაღუპვა	daghup'va

ATIVIDADES HUMANAS

Emprego. Negócios. Parte 1

97. Banca

| banco (m) | ბანკი | bank'i |
| balcão (f) | განყოფილება | ganqopileba |

| consultor (m) bancário | კონსულტანტი | k'onsult'ant'i |
| gerente (m) | მმართველი | mmartveli |

conta (f)	ანგარიში	angarishi
número (m) da conta	ანგარიშის ნომერი	angarishis nomeri
conta (f) corrente	მიმდინარე ანგარიში	mimdinare angarishi
conta (f) poupança	დამაგროვებელი ანგარიში	damagrovebeli angarishi

abrir uma conta	ანგარიშის გახსნა	angarishis gakhsna
fechar uma conta	ანგარიშის დახურვა	angarishis dakhurva
depositar na conta	ანგარიშზე დადება	angarishze dadeba
sacar (vt)	ანგარიშიდან მოხსნა	angarishidan mokhsna

depósito (m)	ანაბარი	anabari
fazer um depósito	ანაბრის გაკეთება	anabris gak'eteba
transferência (f) bancária	გზავნილი	gzavnili
transferir (vt)	გზავნილის გაკეთება	gzavnilis gak'eteba

| soma (f) | თანხა | tankha |
| Quanto? | რამდენი? | ramdeni? |

| assinatura (f) | ხელმოწერა | khelmots'era |
| assinar (vt) | ხელის მოწერა | khelis mots'era |

| cartão (m) de crédito | საკრედიტო ბარათი | sak'redit'o barati |
| senha (f) | კოდი | k'odi |

| número (m) do cartão de crédito | საკრედიტო ბარათის ნომერი | sak'redit'o baratis nomeri |
| caixa (m) eletrônico | ბანკომატი | bank'omat'i |

cheque (m)	ჩეკი	chek'i
passar um cheque	ჩეკის გამოწერა	chek'is gamots'era
talão (m) de cheques	ჩეკების წიგნაკი	chek'ebis ts'ignak'i

empréstimo (m)	კრედიტი	k'redit'i
pedir um empréstimo	კრედიტისათვის მიმართვა	k'redit'isatvis mimartva
obter empréstimo	კრედიტის აღება	k'redit'is agheba
dar um empréstimo	კრედიტის წარდგენა	k'redit'is ts'ardgena
garantia (f)	გარანტია	garant'ia

98. Telefone. Conversação telefônica

telefone (m)	ტელეფონი	t'eleponi
celular (m)	მობილური ტელეფონი	mobiluri t'eleponi
secretária (f) eletrônica	ავტომოპასუხე	avt'omop'asukhe

fazer uma chamada	რეკვა	rek'va
chamada (f)	ზარი	zari

discar um número	ნომრის აკრეფა	nomris ak'repa
Alô!	ალო!	alo!
perguntar (vt)	კითხვა	k'itkhva
responder (vt)	პასუხის გაცემა	p'asukhis gatsema

ouvir (vt)	სმენა	smena
bem	კარგად	k'argad
mal	ცუდად	tsudad
ruído (m)	ხარვეზები	kharvezebi

fone (m)	ყურმილი	qurmili
pegar o telefone	ყურმილის აღება	qurmilis agheba
desligar (vi)	ყურმილის დადება	qurmilis dadeba

ocupado (adj)	დაკავებული	dak'avebuli
tocar (vi)	რეკვა	rek'va
lista (f) telefônica	სატელეფონო წიგნი	sat'elepono ts'igni

local (adj)	ადგილობრივი	adgilobrivi
de longa distância	საქალაქთაშორისო	sakalaktashoriso
internacional (adj)	საერთაშორისო	saertashoriso

99. Telefone móvel

celular (m)	მობილური ტელეფონი	mobiluri t'eleponi
tela (f)	დისპლეი	disp'lei
botão (m)	ღილაკი	ghilak'i
cartão SIM (m)	SIM-ბარათი	SIM-barati

bateria (f)	ბატარეა	bat'area
descarregar-se (vr)	განმუხტვა	ganmukht'va
carregador (m)	დასამუხტი მოწყობილობა	dasamukht'i mots'qobiloba

menu (m)	მენიუ	meniu
configurações (f pl)	აწყობა	ats'qoba
melodia (f)	მელოდია	melodia
escolher (vt)	არჩევა	archeva

calculadora (f)	კალკულატორი	k'alk'ulat'ori
correio (m) de voz	ავტომოპასუხე	avt'omop'asukhe
despertador (m)	მაღვიძარა	maghvidzara
contatos (m pl)	სატელეფონო წიგნი	sat'elepono ts'igni
mensagem (f) de texto	SMS-შეტყობინება	SMS-shet'qobineba
assinante (m)	აბონენტი	abonent'i

100. Estacionário

Português	Georgiano	Transliteração
caneta (f)	ავტოკალამი	avt'ok'alami
caneta (f) tinteiro	კალამი	k'alami
lápis (m)	ფანქარი	pankari
marcador (m) de texto	მარკერი	mark'eri
caneta (f) hidrográfica	ფლომასტერი	plomast'eri
bloco (m) de notas	ბლოკნოტი	blok'not'i
agenda (f)	დღიური	dghiuri
régua (f)	სახაზავი	sakhazavi
calculadora (f)	კალკულატორი	k'alk'ulat'ori
borracha (f)	საშლელი	sashleli
alfinete (m)	ჭიკარტი	ch'ik'art'i
clipe (m)	სამაგრი	samagri
cola (f)	წებო	ts'ebo
grampeador (m)	სტეპლერი	st'ep'leri
furador (m) de papel	სახვრეტელა	sakhvret'ela
apontador (m)	სათლელი	satleli

Emprego. Negócios. Parte 2

101. Media

jornal (m)	გაზეთი	gazeti
revista (f)	ჟურნალი	zhurnali
imprensa (f)	პრესა	p'resa
rádio (m)	რადიო	radio
estação (f) de rádio	რადიოსადგური	radiosadguri
televisão (f)	ტელევიზია	t'elevizia
apresentador (m)	წამყვანი	ts'amqvani
locutor (m)	დიქტორი	dikt'ori
comentarista (m)	კომენტატორი	k'oment'at'ori
jornalista (m)	ჟურნალისტი	zhurnalist'i
correspondente (m)	კორესპონდენტი	k'oresp'ondent'i
repórter (m) fotográfico	ფოტოკორესპონდენტი	pot'ok'oresp'ondent'i
repórter (m)	რეპორტიორი	rep'ort'iori
redator (m)	რედაქტორი	redakt'ori
redator-chefe (m)	მთავარი რედაქტორი	mtavari redakt'ori
assinar a ...	გამოწერა	gamots'era
assinatura (f)	გამოწერა	gamots'era
assinante (m)	გამომწერი	gamomts'eri
ler (vt)	კითხვა	k'itkhva
leitor (m)	მკითხველი	mk'itkhveli
tiragem (f)	ტირაჟი	t'irazhi
mensal (adj)	ყოველთვიური	qoveltviuri
semanal (adj)	ყოველკვირეული	qovelk'vireuli
número (jornal, revista)	ნომერი	nomeri
recente, novo (adj)	ახალი	akhali
manchete (f)	სათაური	satauri
pequeno artigo (m)	ცნობა	tsnoba
coluna (~ semanal)	რუბრიკა	rubrik'a
artigo (m)	სტატია	st'at'ia
página (f)	გვერდი	gverdi
reportagem (f)	რეპორტაჟი	rep'ort'azhi
evento (festa, etc.)	მოვლენა	movlena
sensação (f)	სენსაცია	sensatsia
escândalo (m)	სკანდალი	sk'andali
escandaloso (adj)	სკანდალური	sk'andaluri
grande (adj)	გახმაურებული	gakhmaurebuli
programa (m)	გადაცემა	gadatsema
entrevista (f)	ინტერვიუ	int'erviu

| transmissão (f) ao vivo | პირდაპირი ტრანსლაცია | p'irdap'iri t'ranslatsia |
| canal (m) | არხი | arkhi |

102. Agricultura

agricultura (f)	სოფლის მეურნეობა	soplis meurneoba
camponês (m)	გლეხი	glekhi
camponesa (f)	გლეხი	glekhi
agricultor, fazendeiro (m)	ფერმერი	permeri

| trator (m) | ტრაქტორი | t'rakt'ori |
| colheitadeira (f) | კომბაინი | k'ombaini |

arado (m)	გუთანი	gutani
arar (vt)	ხვნა	khvna
campo (m) lavrado	ნახნავი	nakhnavi
sulco (m)	კვალი	k'vali

semear (vt)	თესვა	tesva
plantadeira (f)	სათესი მანქანა	satesi mankana
semeadura (f)	თესვა	tesva

| foice (m) | ცელი | tseli |
| cortar com foice | თიბვა | tibva |

| pá (f) | ნიჩაბი | nichabi |
| cavar (vt) | ბარვა | barva |

enxada (f)	თოხი	tokhi
capinar (vt)	გამარგვლა	gamargvla
erva (f) daninha	სარევela	sarevela

regador (m)	წურწურა	ts'urts'ura
regar (plantas)	მორწყვა	morts'qva
rega (f)	მორწყვა	morts'qva

| forquilha (f) | ფუცხი | putskhi |
| ancinho (m) | ფოცხი | potskhi |

fertilizante (m)	სასუქი	sasuki
fertilizar (vt)	სასუქის შეტანა	sasukis shet'ana
estrume, esterco (m)	ნაკელი	nak'eli

campo (m)	მინდორი	mindori
prado (m)	მდელო	mdelo
horta (f)	ბოსტანი	bost'ani
pomar (m)	ბაღი	baghi

pastar (vt)	მწყემსვა	mts'qemsva
pastor (m)	მწყემსი	mts'qemsi
pastagem (f)	სამოვარი	sadzovari

| pecuária (f) | მეცხოველეობა | metskhoveleoba |
| criação (f) de ovelhas | მეცხვარეობა | metskhvareoba |

plantação (f)	პლანტაცია	p'lant'atsia
canteiro (m)	კვალი	k'vali
estufa (f)	კვალსათბური	k'valsatburi

seca (f)	გვალვა	gvalva
seco (verão ~)	გვალვიანი	gvalviani

cereais (m pl)	მარცვლეული	martsvleuli
colher (vt)	აღება	agheba

moleiro (m)	მეწისქვილე	mets'iskvile
moinho (m)	წისქვილი	ts'iskvili
moer (vt)	მარცვლის დაფქვა	martsvlis dapkva
farinha (f)	ფქვილი	pkvili
palha (f)	ჩალა	chala

103. Construção. Processo de construção

canteiro (m) de obras	მშენებლობა	mshenebloba
construir (vt)	აშენება	asheneba
construtor (m)	მშენებელი	mshenebeli

projeto (m)	პროექტი	p'roekt'i
arquiteto (m)	არქიტექტორი	arkit'ekt'ori
operário (m)	მუშა	musha

fundação (f)	საძირკველი	sadzirk'veli
telhado (m)	სახურავი	sakhuravi
estaca (f)	ხიმინჯი	khiminji
parede (f)	კედელი	k'edeli

colunas (f pl) de sustentação	არმატურა	armat'ura
andaime (m)	სამშენებლო ხარაჩო	samsheneblo kharacho

concreto (m)	ბეტონი	bet'oni
granito (m)	გრანიტი	granit'i
pedra (f)	ქვა	kva
tijolo (m)	აგური	aguri

areia (f)	ქვიშა	kvisha
cimento (m)	ცემენტი	tsement'i
emboço, reboco (m)	ბათქაში	batkashi
emboçar, rebocar (vt)	ბათქაშით შელესვა	batkashit shelesva

tinta (f)	საღებავი	saghebavi
pintar (vt)	ღებვა	ghebva
barril (m)	კასრი	k'asri

grua (f), guindaste (m)	ამწე	amts'e
erguer (vt)	აწევა	ats'eva
baixar (vt)	დაშვება	dashveba

buldózer (m)	ბულდოზერი	buldozeri
escavadora (f)	ექსკავატორი	eksk'avat'ori

caçamba (f)	ციცხვი	tsitskhvi
escavar (vt)	ამოთხრა	amotkhra
capacete (m) de proteção	კასკა	k'ask'a

Profissões e ocupações

104. Procura de emprego. Demissão

trabalho (m)	სამუშაო	samushao
equipe (f)	შტატი	sht'at'i
carreira (f)	კარიერა	k'ariera
perspectivas (f pl)	პერსპექტივა	p'ersp'ekt'iva
habilidades (f pl)	ოსტატობა	ost'at'oba
seleção (f)	შერჩევა	shercheva
agência (f) de emprego	კადრების სააგენტო	k'adrebis saagent'o
currículo (m)	რეზიუმე	reziume
entrevista (f) de emprego	გასაუბრება	gasaubreba
vaga (f)	ვაკანსია	vak'ansia
salário (m)	ხელფასი	khelpasi
salário (m) fixo	ხელფასი	khelpasi
pagamento (m)	საზღაური	sazghauri
cargo (m)	თანამდებობა	tanamdeboba
dever (do empregado)	მოვალეობა	movaleoba
gama (f) de deveres	არე	are
ocupado (adj)	დაკავებული	dak'avebuli
despedir, demitir (vt)	დათხოვნა	datkhovna
demissão (f)	დათხოვნა	datkhovna
desemprego (m)	უმუშევრობა	umushevroba
desempregado (m)	უმუშევარი	umushevari
aposentadoria (f)	პენსია	p'ensia
aposentar-se (vr)	პენსიაზე გასვლა	p'ensiaze gasvla

105. Gente de negócios

diretor (m)	დირექტორი	direkt'ori
gerente (m)	მმართველი	mmartveli
patrão, chefe (m)	ხელმძღვანელი	khelmdzghvaneli
superior (m)	უფროსი	uprosi
superiores (m pl)	უფროსობა	uprosoba
presidente (m)	პრეზიდენტი	p'rezident'i
chairman (m)	თავმჯდომარე	tavmjdomare
substituto (m)	მოადგილე	moadgile
assistente (m)	თანაშემწე	tanashemts'e
secretário (m)	მდივანი	mdivani

secretário (m) pessoal	პირადი მდივანი	p'iradi mdivani
homem (m) de negócios	ბიზნესმენი	biznesmeni
empreendedor (m)	მეწარმე	mets'arme
fundador (m)	დამაარსებელი	damaarsebeli
fundar (vt)	დაარსება	daarseba

principiador (m)	დამფუძნებელი	dampudznebeli
parceiro, sócio (m)	პარტნიორი	p'art'niori
acionista (m)	აქციონერი	aktsioneri

milionário (m)	მილიონერი	milioneri
bilionário (m)	მილიარდერი	miliarderi
proprietário (m)	მფლობელი	mplobeli
proprietário (m) de terras	მიწათმფლობელი	mits'atmplobeli

cliente (m)	კლიენტი	k'lient'i
cliente (m) habitual	მუდმივი კლიენტი	mudmivi k'lient'i
comprador (m)	მყიდველი	mqidveli
visitante (m)	მომსვლელი	momsvleli

profissional (m)	პროფესიონალი	p'ropesionali
perito (m)	ექსპერტი	eksp'ert'i
especialista (m)	სპეციალისტი	sp'etsialist'i

banqueiro (m)	ბანკირი	bank'iri
corretor (m)	ბროკერი	brok'eri

caixa (m, f)	მოლარე	molare
contador (m)	ბუღალტერი	bughalt'eri
guarda (m)	მცველი	mtsveli

investidor (m)	ინვესტორი	invest'ori
devedor (m)	მოვალე	movale
credor (m)	კრედიტორი	k'redit'ori
mutuário (m)	მსესხებელი	mseskhebeli

importador (m)	იმპორტიორი	imp'ort'iori
exportador (m)	ექსპორტიორი	eksp'ort'iori

produtor (m)	მწარმოებელი	mts'armoebeli
distribuidor (m)	დისტრიბუტორი	dist'ribiut'ori
intermediário (m)	შუამავალი	shuamavali

consultor (m)	კონსულტანტი	k'onsult'ant'i
representante comercial	წარმომადგენელი	ts'armomadgeneli
agente (m)	აგენტი	agent'i
agente (m) de seguros	დაზღვევის აგენტი	dazghvevis agent'i

106. Profissões de serviços

cozinheiro (m)	მზარეული	mzareuli
chefe (m) de cozinha	შეფ-მზარეული	shep-mzareuli
padeiro (m)	მცხობელი	mtskhobeli
barman (m)	ბარმენი	barmeni

garçom (m)	ოფიციანტი	opitsiant'i
garçonete (f)	ოფიციანტი	opitsiant'i

advogado (m)	ადვოკატი	advok'at'i
jurista (m)	იურისტი	iurist'i
notário (m)	ნოტარიუსი	not'ariusi

eletricista (m)	ელექტრიკოსი	elekt'rik'osi
encanador (m)	სანტექნიკოსი	sant'eknik'osi
carpinteiro (m)	ხურო	khuro

massagista (m)	მასაჟისტი	masazhist'i
massagista (f)	მასაჟისტი	masazhist'i
médico (m)	ექიმი	ekimi

taxista (m)	ტაქსისტი	t'aksist'i
condutor (automobilista)	მძღოლი	mdzgholi
entregador (m)	კურიერი	k'urieri

camareira (f)	მოახლე	moakhle
guarda (m)	მცველი	mtsveli
aeromoça (f)	სტიუარდესა	st'iuardesa

professor (m)	მასწავლებელი	masts'avlebeli
bibliotecário (m)	ბიბლიოთეკარი	bibliotek'ari
tradutor (m)	მთარგმნელი	mtargmneli
intérprete (m)	თარჯიმანი	tarjimani
guia (m)	გიდი	gidi

cabeleireiro (m)	პარიკმახერი	p'arik'makheri
carteiro (m)	ფოსტალიონი	post'alioni
vendedor (m)	გამყიდველი	gamqidveli

jardineiro (m)	მებაღე	mebaghe
criado (m)	მსახური	msakhuri
criada (f)	მოახლე	moakhle
empregada (f) de limpeza	დამლაგებელი	damlagebeli

107. Profissões militares e postos

soldado (m) raso	რიგითი	rigiti
sargento (m)	სერჟანტი	serzhant'i
tenente (m)	ლეიტენანტი	leit'enant'i
capitão (m)	კაპიტანი	k'ap'it'ani

major (m)	მაიორი	maiori
coronel (m)	პოლკოვნიკი	p'olk'ovnik'i
general (m)	გენერალი	generali
marechal (m)	მარშალი	marshali
almirante (m)	ადმირალი	admirali

militar (m)	სამხედრო	samkhedro
soldado (m)	ჯარისკაცი	jarisk'atsi
oficial (m)	ოფიცერი	opitseri

comandante (m)	მეთაური	metauri
guarda (m) de fronteira	მესაზღვრე	mesazghvre
operador (m) de rádio	რადისტი	radist'i
explorador (m)	მზვერავი	mzveravi
sapador-mineiro (m)	მესანგრე	mesangre
atirador (m)	მსროლელი	msroleli
navegador (m)	შტურმანი	sht'urmani

108. Oficiais. Padres

| rei (m) | მეფე | mepe |
| rainha (f) | დედოფალი | dedopali |

| príncipe (m) | პრინცი | p'rintsi |
| princesa (f) | პრინცესა | p'rintsesa |

| czar (m) | მეფე | mepe |
| czarina (f) | მეფე | mepe |

presidente (m)	პრეზიდენტი	p'rezident'i
ministro (m)	მინისტრი	minist'ri
primeiro-ministro (m)	პრემიერ-მინისტრი	p'remier-minist'ri
senador (m)	სენატორი	senat'ori

diplomata (m)	დიპლომატი	dip'lomat'i
cônsul (m)	კონსული	k'onsuli
embaixador (m)	ელჩი	elchi
conselheiro (m)	მრჩეველი	mrcheveli

funcionário (m)	მოხელე	mokhele
prefeito (m)	პრეფექტი	p'repekt'i
Presidente (m) da Câmara	მერი	meri

| juiz (m) | მოსამართლე | mosamartle |
| procurador (m) | პროკურორი | p'rok'urori |

missionário (m)	მისიონერი	misioneri
monge (m)	ბერი	beri
abade (m)	აბატი	abat'i
rabino (m)	რაბინი	rabini

vizir (m)	ვეზირი	veziri
xá (m)	შახი	shakhi
xeique (m)	შეიხი	sheikhi

109. Profissões agrícolas

abelheiro (m)	მეფუტკრე	meput'k're
pastor (m)	მწყემსი	mts'qemsi
agrônomo (m)	აგრონომი	agronomi
criador (m) de gado	მესხოველე	metskhovele
veterinário (m)	ვეტერინარი	vet'erinari

agricultor, fazendeiro (m)	ფერმერი	permeri
vinicultor (m)	მეღვინე	meghvine
zoólogo (m)	ზოოლოგი	zoologi
vaqueiro (m)	კოვბოი	k'ovboi

110. Profissões artísticas

ator (m)	მსახიობი	msakhiobi
atriz (f)	მსახიობი	msakhiobi
cantor (m)	მომღერალი	momgherali
cantora (f)	მომღერალი	momgherali
bailarino (m)	მოცეკვავე	motsek'vave
bailarina (f)	მოცეკვავე	motsek'vave
artista (m)	არტისტი	art'ist'i
artista (f)	არტისტი	art'ist'i
músico (m)	მუსიკოსი	musik'osi
pianista (m)	პიანისტი	p'ianist'i
guitarrista (m)	გიტარისტი	git'arist'i
maestro (m)	დირიჟორი	dirizhori
compositor (m)	კომპოზიტორი	k'omp'ozit'ori
empresário (m)	იმპრესარიო	imp'resario
diretor (m) de cinema	რეჟისორი	rezhisori
produtor (m)	პროდიუსერი	p'rodiuseri
roteirista (m)	სცენარისტი	stsenarist'i
crítico (m)	კრიტიკოსი	k'rit'ik'osi
escritor (m)	მწერალი	mts'erali
poeta (m)	პოეტი	p'oet'i
escultor (m)	მოქანდაკე	mokandak'e
pintor (m)	მხატვარი	mkhat'vari
malabarista (m)	ჟონგლიორი	zhongliori
palhaço (m)	ჯამბაზი	jambazi
acrobata (m)	აკრობატი	ak'robat'i
ilusionista (m)	ფოკუსნიკი	pok'usnik'i

111. Várias profissões

médico (m)	ექიმი	ekimi
enfermeira (f)	მედდა	medda
psiquiatra (m)	ფსიქიატრი	psikiat'ri
dentista (m)	სტომატოლოგი	st'omat'ologi
cirurgião (m)	ქირურგი	kirurgi
astronauta (m)	ასტრონავტი	ast'ronavt'i
astrônomo (m)	ასტრონომი	ast'ronomi

motorista (m)	მძღოლი	mdzgholi
maquinista (m)	მემანქანე	memankane
mecânico (m)	მექანიკოსი	mekanik'osi
mineiro (m)	მეშახტე	meshakht'e
operário (m)	მუშა	musha
serralheiro (m)	ზეინკალი	zeink'ali
marceneiro (m)	დურგალი	durgali
torneiro (m)	ხარატი	kharat'i
construtor (m)	მშენებელი	mshenebeli
soldador (m)	შემდუღებელი	shemdughebeli
professor (m)	პროფესორი	p'ropesori
arquiteto (m)	არქიტექტორი	arkit'ekt'ori
historiador (m)	ისტორიკოსი	ist'orik'osi
cientista (m)	მეცნიერი	metsnieri
físico (m)	ფიზიკოსი	pizik'osi
químico (m)	ქიმიკოსი	kimik'osi
arqueólogo (m)	არქეოლოგი	arkeologi
geólogo (m)	გეოლოგი	geologi
pesquisador (cientista)	მკვლევარი	mk'vlevari
babysitter, babá (f)	ძიძა	dzidza
professor (m)	პედაგოგი	p'edagogi
redator (m)	რედაქტორი	redakt'ori
redator-chefe (m)	მთავარი რედაქტორი	mtavari redakt'ori
correspondente (m)	კორესპონდენტი	k'oresp'ondent'i
datilógrafa (f)	მბეჭდავი	mbech'davi
designer (m)	დიზაინერი	dizaineri
especialista (m) em informática	კომპიუტერის სპეციალისტი	k'omp'iut'eris sp'etsialist'i
programador (m)	პროგრამისტი	p'rogramist'i
engenheiro (m)	ინჟინერი	inzhineri
marujo (m)	მეზღვაური	mezghvauri
marinheiro (m)	მატროსი	mat'rosi
socorrista (m)	მაშველი	mashveli
bombeiro (m)	მეხანძრე	mekhandzre
polícia (m)	პოლიციელი	p'olitsieli
guarda-noturno (m)	დარაჯი	daraji
detetive (m)	მაძებარი	madzebari
funcionário (m) da alfândega	მებაჟე	mebazhe
guarda-costas (m)	მცველი	mtsveli
guarda (m) prisional	მეთვალყურე	metvalqure
inspetor (m)	ინსპექტორი	insp'ekt'ori
esportista (m)	სპორტსმენი	sp'ort'smeni
treinador (m)	მწვრთნელი	mts'vrtneli
açougueiro (m)	ყასაბი	qasabi
sapateiro (m)	მეჩექმე	mechekme
comerciante (m)	კომერსანტი	k'omersant'i

carregador (m)	მტვირთავი	mt'virtavi
estilista (m)	მოდელიერი	modelieri
modelo (f)	მოდელი	modeli

112. Ocupações. Estatuto social

| estudante (~ de escola) | სკოლის მოსწავლე | sk'olis mosts'avle |
| estudante (~ universitária) | სტუდენტი | st'udent'i |

filósofo (m)	ფილოსოფსი	pilosoposi
economista (m)	ეკონომისტი	ek'onomist'i
inventor (m)	გამომგონებელი	gamomgonebeli

desempregado (m)	უმუშევარი	umushevari
aposentado (m)	პენსიონერი	p'ensioneri
espião (m)	ჯაშუში	jashushi

preso, prisioneiro (m)	პატიმარი	p'at'imari
grevista (m)	გაფიცული	gapitsuli
burocrata (m)	ბიუროკრატი	biurok'rat'i
viajante (m)	მოგზაური	mogzauri

homossexual (m)	ჰომოსექსუალისტი	homoseksualist'i
hacker (m)	ჰაკერი	hak'eri
hippie (m, f)	ჰიპი	hip'i

bandido (m)	ბანდიტი	bandit'i
assassino (m)	დაქირავებული მკვლელი	dakiravebuli mk'vleli
drogado (m)	ნარკომანი	nark'omani
traficante (m)	ნარკოტიკებით მოვაჭრე	nark'ot'ik'ebit movach're
prostituta (f)	მეძავი	medzavi
cafetão (m)	სუტენიორი	sut'eniori

bruxo (m)	ჯადოსანი	jadosani
bruxa (f)	ჯადოსანი	jadosani
pirata (m)	მეკობრე	mek'obre
escravo (m)	მონა	mona
samurai (m)	სამურაი	samurai
selvagem (m)	ველური	veluri

Desportos

113. Tipos de desportos. Desportistas

esportista (m)	სპორტსმენი	sp'ort'smeni
tipo (m) de esporte	სპორტის სახეობა	sp'ort'is sakheoba
basquete (m)	კალათბურთი	k'alatburti
jogador (m) de basquete	კალათბურთელი	k'alatburteli
beisebol (m)	ბეისბოლი	beisboli
jogador (m) de beisebol	ბეისბოლისტი	beisbolist'i
futebol (m)	ფეხბურთი	pekhburti
jogador (m) de futebol	ფეხბურთელი	pekhburteli
goleiro (m)	მეკარე	mek'are
hóquei (m)	ჰოკეი	hok'ei
jogador (m) de hóquei	ჰოკეისტი	hok'eist'i
vôlei (m)	ფრენბურთი	prenburti
jogador (m) de vôlei	ფრენბურთელი	prenburteli
boxe (m)	კრივი	k'rivi
boxeador (m)	მოკრივე	mok'rive
luta (f)	ჭიდაობა	ch'idaoba
lutador (m)	მოჭიდავე	moch'idave
caratê (m)	კარატე	k'arat'e
carateca (m)	კარატისტი	k'arat'ist'i
judô (m)	ძიუდო	dziudo
judoca (m)	ძიუდოისტი	dziudoist'i
tênis (m)	ჩოგბურთი	chogburti
tenista (m)	ჩოგბურთელი	chogburteli
natação (f)	ცურვა	tsurva
nadador (m)	მოცურავე	motsurave
esgrima (f)	ფარიკაობა	parik'aoba
esgrimista (m)	მოფარიკავე	moparik'ave
xadrez (m)	ჭადრაკი	ch'adrak'i
jogador (m) de xadrez	მოჭადრაკე	moch'adrak'e
alpinismo (m)	ალპინიზმი	alp'inizmi
alpinista (m)	ალპინისტი	alp'inist'i
corrida (f)	რბენა	rbena

corredor (m)	მორბენალი	morbenali
atletismo (m)	მძლეოსნობა	mdzleosnoba
atleta (m)	მძლეოსანი	mdzleosani

hipismo (m)	ცხენოსნობა	tskhenosnoba
cavaleiro (m)	ცხენოსანი	tskhenosani

patinação (f) artística	ფიგურული სრიალი	piguruli sriali
patinador (m)	ფიგურისტი	pigurist'i
patinadora (f)	ფიგურისტი	pigurist'i

halterofilismo (m)	ძალოსნობა	dzalosnoba
corrida (f) de carros	ავტორბოლა	avt'orbola
piloto (m)	მრბოლელი	mrboleli

ciclismo (m)	ველოსპორტი	velosp'ort'i
ciclista (m)	ველოსიპედისტი	velosip'edist'i

salto (m) em distância	სიგრძეზე ხტომა	sigrdzeze kht'oma
salto (m) com vara	ჯოჯით ხტომა	ch'ok'it kht'oma
atleta (m) de saltos	მხტომელი	mkht'omeli

114. Tipos de desportos. Diversos

futebol (m) americano	ამერიკული ფეხბურთი	amerik'uli pekhburti
badminton (m)	ბადმინტონი	badmint'oni
biatlo (m)	ბიატლონი	biat'loni
bilhar (m)	ბილიარდი	biliardi

bobsled (m)	ბობსლეი	bobslei
musculação (f)	ბოდიბილდინგი	bodibildingi
polo (m) aquático	წყალბურთი	ts'qalburti
handebol (m)	განდბოლი	gandboli
golfe (m)	გოლფი	golpi

remo (m)	ნიჩბოსნობა	nichbosnoba
mergulho (m)	დაივინგი	daivingi
corrida (f) de esqui	სათხილამურო რბოლა	satkhilamuro rbola
tênis (m) de mesa	მაგიდის ჩოგბურთი	magidis chogburti

vela (f)	საიალქნო სპორტი	saialkno sp'ort'i
rali (m)	რალი	rali
rúgbi (m)	რეგბი	regbi
snowboard (m)	სნოუბორდი	snoubordi
arco-e-flecha (m)	მშვილდის სროლა	mshvildis srola

115. Ginásio

barra (f)	შტანგა	sht'anga
halteres (m pl)	ჰანტელი	hant'eli
aparelho (m) de musculação	ტრენაჟორი	t'renazhori
bicicleta (f) ergométrica	ველოტრენაჟორი	velot'renazhori

esteira (f) de corrida	სარბენი ბილიკი	sarbeni bilik'i
barra (f) fixa	ძელი	dzeli
barras (f pl) paralelas	ორძელი	ordzeli
cavalo (m)	ტაიჩი	t'aich'i
tapete (m) de ginástica	საგები	sagebi

corda (f) de saltar	სახტუნელა	sakht'unela
aeróbica (f)	აერობიკა	aerobik'a
ioga, yoga (f)	იოგა	ioga

116. Desportos. Diversos

Jogos (m pl) Olímpicos	ოლიმპიური თამაშები	olimp'iuri tamashebi
vencedor (m)	გამარჯვებული	gamarjvebuli
vencer (vi)	გამარჯვება	gamarjveba
vencer (vi, vt)	მოგება	mogeba

líder (m)	ლიდერი	lideri
liderar (vt)	ლიდერობა	lideroba

primeiro lugar (m)	პირველი ადგილი	p'irveli adgili
segundo lugar (m)	მეორე ადგილი	meore adgili
terceiro lugar (m)	მესამე ადგილი	mesame adgili

medalha (f)	მედალი	medali
troféu (m)	ნადავლი	nadavli
taça (f)	თასი	tasi
prêmio (m)	პრიზი	p'rizi
prêmio (m) principal	მთავარი პრიზი	mtavari p'rizi

recorde (m)	რეკორდი	rek'ordi
estabelecer um recorde	რეკორდის დამყარება	rek'ordis damqareba

final (m)	ფინალი	pinali
final (adj)	ფინალური	pinaluri

campeão (m)	ჩემპიონი	chemp'ioni
campeonato (m)	ჩემპიონატი	chemp'ionat'i

estádio (m)	სტადიონი	st'adioni
arquibancadas (f pl)	ტრიბუნა	t'ribuna
fã, torcedor (m)	გულშემატკივარი	gulshemat'k'ivari
adversário (m)	მოწინააღმდეგე	mots'inaaghmdege

partida (f)	სტარტი	st'art'i
linha (f) de chegada	ფინიში	pinishi

derrota (f)	დამარცხება	damartskheba
perder (vt)	წაგება	ts'ageba

árbitro, juiz (m)	მსაჯი	msaji
júri (m)	ჟიური	zhiuri
resultado (m)	ანგარიში	angarishi
empate (m)	ფრე	pre

empatar (vi)	თამაშის ფრედ დამთავრება	tamashis pred damtavreba
ponto (m)	ქულა	kula
resultado (m) final	შედეგი	shedegi

intervalo (m)	შესვენება	shesveneba
doping (m)	დოპინგი	dop'ingi
penalizar (vt)	დაჯარიმება	dajarimeba
desqualificar (vt)	დისკვალიფიცირება	disk'valipitsireba

aparelho, aparato (m)	იარაღი	iaraghi
dardo (m)	შუბი	shubi
peso (m)	ბირთვი	birtvi
bola (f)	ბურთი	burti

alvo, objetivo (m)	მიზანი	mizani
alvo (~ de papel)	სამიზნე	samizne
disparar, atirar (vi)	სროლა	srola
preciso (tiro ~)	ზუსტი	zust'i

treinador (m)	მწვრთნელი	mts'vrtneli
treinar (vt)	წვრთნა	ts'vrtna
treinar-se (vr)	ვარჯიში	varjishi
treino (m)	ვარჯიში	varjishi

academia (f) de ginástica	სპორტდარბაზი	sp'ort'darbazi
exercício (m)	ვარჯიში	varjishi
aquecimento (m)	მოთელვა	motelva

Educação

117. Escola

escola (f)	სკოლა	sk'ola
diretor (m) de escola	სკოლის დირექტორი	sk'olis direkt'ori
aluno (m)	მოწაფე	mots'ape
aluna (f)	მოწაფე	mots'ape
estudante (m)	სკოლის მოსწავლე	sk'olis mosts'avle
estudante (f)	სკოლის მოსწავლე	sk'olis mosts'avle
ensinar (vt)	სწავლება	sts'avleba
aprender (vt)	სწავლა	sts'avla
decorar (vt)	ზეპირად სწავლა	zep'irad sts'avla
estudar (vi)	სწავლა	sts'avla
estar na escola	სწავლა	sts'avla
ir à escola	სკოლაში სვლა	sk'olashi svla
alfabeto (m)	ანბანი	anbani
disciplina (f)	საგანი	sagani
sala (f) de aula	კლასი	k'lasi
lição, aula (f)	გაკვეთილი	gak'vetili
recreio (m)	შესვენება	shesveneba
toque (m)	ზარი	zari
classe (f)	მერხი	merkhi
quadro (m) negro	დაფა	dapa
nota (f)	ნიშანი	nishani
boa nota (f)	კარგი ნიშანი	k'argi nishani
nota (f) baixa	ცუდი ნიშანი	tsudi nishani
dar uma nota	ნიშნის დაწერა	nishnis dats'era
erro (m)	შეცდომა	shetsdoma
errar (vi)	შეცდომის დაშვება	shetsdomis dashveba
corrigir (~ um erro)	გამოსწორება	gamosts'oreba
cola (f)	შპარგალკა	shp'argalk'a
dever (m) de casa	საშინაო დავალება	sashinao davaleba
exercício (m)	სავარჯიშო	savarjisho
estar presente	დასწრება	dasts'reba
estar ausente	არდასწრება	ardasts'reba
faltar às aulas	გაკვეთილების გაცდენა	gak'vetilebis gatsdena
punir (vt)	დასჯა	dasja
punição (f)	სასჯელი	sasjeli
comportamento (m)	ყოფაქცევა	qopaktseva

boletim (m) escolar	დღიური	dghiuri
lápis (m)	ფანქარი	pankari
borracha (f)	საშლელი	sashleli
giz (m)	ცარცი	tsartsi
porta-lápis (m)	საკალმე	sak'alme

mala, pasta, mochila (f)	ჩანთა	chanta
caneta (f)	კალმისტარი	k'almist'ari
caderno (m)	რვეული	rveuli
livro (m) didático	სახელმძღვანელო	sakhelmdzghvanelo
compasso (m)	ფარგალი	pargali

traçar (vt)	ხაზვა	khazva
desenho (m) técnico	ნახაზი	nakhazi

poesia (f)	ლექსი	leksi
de cor	ზეპირად	zep'irad
decorar (vt)	ზეპირად სწავლა	zep'irad sts'avla

férias (f pl)	არდადეგები	ardadegebi
estar de férias	არდადეგებზე ყოფნა	ardadegebze qopna
passar as férias	არდადეგების გატარება	ardadegebis gat'areba

teste (m), prova (f)	საკონტროლო სამუშაო	sak'ont'rolo samushao
redação (f)	თხზულება	tkhzuleba
ditado (m)	კარნახი	k'arnakhi
exame (m), prova (f)	გამოცდა	gamotsda
fazer prova	გამოცდების ჩაბარება	gamotsdebis chabareba
experiência (~ química)	ცდა	tsda

118. Colégio. Universidade

academia (f)	აკადემია	ak'ademia
universidade (f)	უნივერსიტეტი	universit'et'i
faculdade (f)	ფაკულტეტი	pak'ult'et'i

estudante (m)	სტუდენტი	st'udent'i
estudante (f)	სტუდენტი	st'udent'i
professor (m)	მასწავლებელი	masts'avlebeli

auditório (m)	აუდიტორია	audit'oria
graduado (m)	კურსდამთავრებული	k'ursdamtavrebuli

diploma (m)	დიპლომი	dip'lomi
tese (f)	დისერტაცია	disert'atsia

estudo (obra)	გამოკვლევა	gamok'vleva
laboratório (m)	ლაბორატორია	laborat'oria

palestra (f)	ლექცია	lektsia
colega (m) de curso	თანაკურსელი	tanak'urseli

bolsa (f) de estudos	სტიპენდია	st'ip'endia
grau (m) acadêmico	სამეცნიერო ხარისხი	sametsniero khariskhi

119. Ciências. Disciplinas

matemática (f)	მათემატიკა	matemat'ik'a
álgebra (f)	ალგებრა	algebra
geometria (f)	გეომეტრია	geomet'ria
astronomia (f)	ასტრონომია	ast'ronomia
biologia (f)	ბიოლოგია	biologia
geografia (f)	გეოგრაფია	geograpia
geologia (f)	გეოლოგია	geologia
história (f)	ისტორია	ist'oria
medicina (f)	მედიცინა	meditsina
pedagogia (f)	პედაგოგიკა	p'edagogik'a
direito (m)	სამართალი	samartali
física (f)	ფიზიკა	pizik'a
química (f)	ქიმია	kimia
filosofia (f)	ფილოსოფია	pilosopia
psicologia (f)	ფსიქოლოგია	psikologia

120. Sistema de escrita. Ortografia

gramática (f)	გრამატიკა	gramat'ik'a
vocabulário (m)	ლექსიკა	leksik'a
fonética (f)	ფონეტიკა	ponet'ik'a
substantivo (m)	არსებითი სახელი	arsebiti sakheli
adjetivo (m)	ზედსართავი სახელი	zedsartavi sakheli
verbo (m)	ზმნა	zmna
advérbio (m)	ზმნიზედა	zmnizeda
pronome (m)	ნაცვალსახელი	natsvalsakheli
interjeição (f)	შორისდებული	shorisdebuli
preposição (f)	წინდებული	ts'indebuli
raiz (f)	სიტყვის ძირი	sit'qvis dziri
terminação (f)	დაბოლოება	daboloeba
prefixo (m)	წინსართი	ts'insarti
sílaba (f)	მარცვალი	martsvali
sufixo (m)	სუფიქსი	supiksi
acento (m)	მახვილი	makhvili
apóstrofo (f)	აპოსტროფი	ap'ost'ropi
ponto (m)	წერტილი	ts'ert'ili
vírgula (f)	მძიმე	mdzime
ponto e vírgula (m)	წერტილ-მძიმე	ts'ert'il-mdzime
dois pontos (m pl)	ორწერტილი	orts'ert'ili
reticências (f pl)	მრავალწერტილი	mravalts'ert'ili
ponto (m) de interrogação	კითხვის ნიშანი	k'itkhvis nishani
ponto (m) de exclamação	ძახილის ნიშანი	dzakhilis nishani

aspas (f pl)	ბრჭყალები	brch'qalebi
entre aspas	ბრჭყალებში	brch'qalebshi
parênteses (m pl)	ფრჩხილები	prchkhilebi
entre parênteses	ფრჩხილებში	prchkhilebshi
hífen (m)	დეფისი	depisi
travessão (m)	ტირე	t'ire
espaço (m)	შუალედი	shualedi
letra (f)	ასო	aso
letra (f) maiúscula	დიდი ასო	didi aso
vogal (f)	ხმოვანი ბგერა	khmovani bgera
consoante (f)	თანხმოვანი ბგერა	tankhmovani bgera
frase (f)	წინადადება	ts'inadadeba
sujeito (m)	ქვემდებარე	kvemdebare
predicado (m)	შემასმენელი	shemasmeneli
linha (f)	სტრიქონი	st'rikoni
em uma nova linha	ახალი სტრიქონიდან	akhali st'rikonidan
parágrafo (m)	აბზაცი	abzatsi
palavra (f)	სიტყვა	sit'qva
grupo (m) de palavras	შესიტყვება	shesit'qveba
expressão (f)	გამოთქმა	gamotkma
sinônimo (m)	სინონიმი	sinonimi
antônimo (m)	ანტონიმი	ant'onimi
regra (f)	წესი	ts'esi
exceção (f)	გამონაკლისი	gamonak'lisi
correto (adj)	სწორი	sts'ori
conjugação (f)	უღლება	ughleba
declinação (f)	ბრუნება	bruneba
caso (m)	ბრუნვა	brunva
pergunta (f)	კითხვა	k'itkhva
sublinhar (vt)	ხაზის გასმა	khazis gasma
linha (f) pontilhada	პუნქტირი	p'unkt'iri

121. Línguas estrangeiras

língua (f)	ენა	ena
estrangeiro (adj)	უცხო	utskho
estudar (vt)	შესწავლა	shests'avla
aprender (vt)	სწავლა	sts'avla
ler (vt)	კითხვა	k'itkhva
falar (vi)	ლაპარაკი	lap'arak'i
entender (vt)	გაგება	gageba
escrever (vt)	წერა	ts'era
rapidamente	სწრაფად	sts'rapad
devagar, lentamente	ნელა	nela

fluentemente	თავისუფლად	tavisuplad
regras (f pl)	წესები	ts'esebi
gramática (f)	გრამატიკა	gramat'ik'a
vocabulário (m)	ლექსიკა	leksik'a
fonética (f)	ფონეტიკა	ponet'ik'a

livro (m) didático	სახელმძღვანელო	sakhelmdzghvanelo
dicionário (m)	ლექსიკონი	leksik'oni
manual (m) autodidático	თვითმასწავლებელი	tvitmasts'avlebeli
guia (m) de conversação	სასაუბრო	sasaubro

fita (f) cassete	კასეტი	k'aset'i
videoteipe (m)	ვიდეოკასეტი	videok'aset'i
CD (m)	კომპაქტური დისკი	k'omp'akt'uri disk'i
DVD (m)	დივიდი	dividi

alfabeto (m)	ანბანი	anbani
soletrar (vt)	ასოებით გამოთქმა	asoebit gamotkma
pronúncia (f)	წარმოთქმა	ts'armotkma

sotaque (m)	აქცენტი	aktsent'i
com sotaque	აქცენტით	aktsent'it
sem sotaque	უაქცენტოდ	uaktsent'od

palavra (f)	სიტყვა	sit'qva
sentido (m)	მნიშვნელობა	mnishvneloba

curso (m)	კურსები	k'ursebi
inscrever-se (vr)	ჩაწერა	chats'era
professor (m)	მასწავლებელი	masts'avlebeli

tradução (processo)	თარგმნა	targmna
tradução (texto)	თარგმანი	targmani
tradutor (m)	მთარგმნელი	mtargmneli
intérprete (m)	თარჯიმანი	tarjimani

poliglota (m)	პოლიგლოტი	p'oliglot'i
memória (f)	მეხსიერება	mekhsiereba

122. Personagens de contos de fadas

Papai Noel (m)	სანტა კლაუსი	sant'a k'lausi
Cinderela (f)	კონკია	k'onk'ia
sereia (f)	ალი	ali
Netuno (m)	ნეპტუნი	nep't'uni

bruxo, feiticeiro (m)	ჯადოქარი	jadokari
fada (f)	ჯადოქარი	jadokari
mágico (adj)	ჯადოსნური	jadosnuri
varinha (f) mágica	ჯადოსნური ჯოხი	jadosnuri jokhi

conto (m) de fadas	ზღაპარი	zghap'ari
milagre (m)	სასწაული	sasts'auli
anão (m)	გნომი	gnomi

111

transformar-se em ...	ქცევა	ktseva
fantasma (m)	აჩრდილი	achrdili
fantasma (m)	მოჩვენება	mochveneba
monstro (m)	ურჩხული	urchkhuli
dragão (m)	გველეშაპი	gveleshap'i
gigante (m)	გოლიათი	goliati

123. Signos do Zodíaco

Áries (f)	ვერძი	verdzi
Touro (m)	კურო	k'uro
Gêmeos (m pl)	ტყუპები	t'qup'ebi
Câncer (m)	კიბორჩხალა	k'iborchkhala
Leão (m)	ლომი	lomi
Virgem (f)	ქალწული	kalts'uli

Libra (f)	სასწორი	sasts'ori
Escorpião (m)	ღრიანკალი	ghriank'ali
Sagitário (m)	მშვილდოსანი	mshvildosani
Capricórnio (m)	თხის რქა	tkhis rka
Aquário (m)	მერწყული	merts'quli
Peixes (pl)	თევზები	tevzebi

caráter (m)	ხასიათი	khasiati
traços (m pl) do caráter	ხასიათის თვისებები	khasiatis tvisebebi
comportamento (m)	ყოფაქცევა	qopaktseva
prever a sorte	მკითხაობა	mk'itkhaoba
adivinha (f)	მკითხავი	mk'itkhavi
horóscopo (m)	ჰოროსკოპი	horosk'op'i

Artes

124. Teatro

teatro (m)	თეატრი	teat'ri
ópera (f)	ოპერა	op'era
opereta (f)	ოპერეტა	op'eret'a
balé (m)	ბალეტი	balet'i
cartaz (m)	აფიშა	apisha
companhia (f) de teatro	დასი	dasi
turnê (f)	გასტროლები	gast'rolebi
estar em turnê	გასტროლებზე ყოფნა	gast'rolebze qopna
ensaiar (vt)	რეპეტიციის გავლა	rep'et'itsiis gavla
ensaio (m)	რეპეტიცია	rep'et'itsia
repertório (m)	რეპერტუარი	rep'ert'uari
apresentação (f)	წარმოდგენა	ts'armodgena
espetáculo (m)	სპექტაკლი	sp'ekt'ak'li
peça (f)	პიესა	p'iesa
entrada (m)	ბილეთი	bileti
bilheteira (f)	საბილეთო სალარო	sabileto salaro
hall (m)	ჰოლი	holi
vestiário (m)	გარდერობი	garderobi
senha (f) numerada	ნომერი	nomeri
binóculo (m)	დურბინდი	durbindi
lanterninha (m)	კონტროლიორი	k'ont'roliori
plateia (f)	პარტერი	p'art'eri
balcão (m)	ბალკონი	balk'oni
primeiro balcão (m)	ბელეტაჟი	belet'azhi
camarote (m)	ლოჟა	lozha
fila (f)	რიგი	rigi
assento (m)	ადგილი	adgili
público (m)	მაყურებლები	maqureblebi
espectador (m)	მაყურებელი	maqurebeli
aplaudir (vt)	ტაშისკვრა	t'ashisk'vra
aplauso (m)	აპლოდისმენტები	ap'lodisment'ebi
ovação (f)	ოვაციები	ovatsiebi
palco (m)	სცენა	stsena
cortina (f)	ფარდა	parda
cenário (m)	დეკორაცია	dek'oratsia
bastidores (m pl)	კულისები	k'ulisebi
cena (f)	სცენა	stsena
ato (m)	მოქმედება	mokmedeba
intervalo (m)	ანტრაქტი	ant'rakt'i

125. Cinema

| ator (m) | მსახიობი | msakhiobi |
| atriz (f) | მსახიობი | msakhiobi |

cinema (m)	კინო	k'ino
filme (m)	კინო	k'ino
episódio (m)	სერია	seria

filme (m) policial	დეტექტივი	det'ekt'ivi
filme (m) de ação	კინობოევიკი	k'inoboevik'i
filme (m) de aventuras	სათავგადასავლო ფილმი	satavgadasavlo pilmi
filme (m) de ficção científica	ფანტასტიკური ფილმი	pant'ast'ik'uri pilmi
filme (m) de horror	საშინელებათა ფილმი	sashinelebata pilmi

comédia (f)	კინოკომედია	k'inok'omedia
melodrama (m)	მელოდრამა	melodrama
drama (m)	დრამა	drama

filme (m) de ficção	მხატვრული ფილმი	mkhat'vruli pilmi
documentário (m)	დოკუმენტური ფილმი	dok'ument'uri pilmi
desenho (m) animado	მულტფილმი	mult'pilmi
cinema (m) mudo	მუნჯი კინო	munji k'ino

papel (m)	როლი	roli
papel (m) principal	მთავარი როლი	mtavari roli
representar (vt)	შესრულება	shesruleba

estrela (f) de cinema	კინოვარსკვლავი	k'inovarsk'vlavi
conhecido (adj)	ცნობილი	tsnobili
famoso (adj)	სახელგანთქმული	sakhelgantkmuli
popular (adj)	პოპულარული	p'op'ularuli

roteiro (m)	სცენარი	stsenari
roteirista (m)	სცენარისტი	stsenarist'i
diretor (m) de cinema	რეჟისორი	rezhisori
produtor (m)	პროდიუსერი	p'rodiuseri
assistente (m)	ასისტენტი	asist'ent'i
diretor (m) de fotografia	ოპერატორი	op'erat'ori
dublê (m)	კასკადიორი	k'ask'adiori

filmar (vt)	ფილმის გადაღება	pilmis gadagheba
audição (f)	საცდელი გადაღებები	satsdeli gadaghebebi
filmagem (f)	გადაღებები	gadaghebebi
equipe (f) de filmagem	გადამღები ჯგუფი	gadamghebi jgupi
set (m) de filmagem	გადასაღები მოედანი	gadasaghebi moedani
câmera (f)	კინოკამერა	k'inok'amera

cinema (m)	კინოთეატრი	k'inoteat'ri
tela (f)	ეკრანი	ek'rani
exibir um filme	ფილმის ჩვენება	pilmis chveneba

trilha (f) sonora	ხმოვანი ბილიკი	khmovani bilik'i
efeitos (m pl) especiais	სპეციალური ეფექტები	sp'etsialuri epekt'ebi
legendas (f pl)	სუბტიტრები	subt'it'rebi

crédito (m)	ტიტრები	t'it'rebi
tradução (f)	თარგმანი	targmani

126. Pintura

arte (f)	ხელოვნება	khelovneba
belas-artes (f pl)	კაზმული ხელოვნებები	k'azmuli khelovnebebi
galeria (f) de arte	გალერეა	galerea
exibição (f) de arte	სურათების გამოფენა	suratebis gamopena

pintura (f)	ფერწერა	perts'era
arte (f) gráfica	გრაფიკა	grapik'a
arte (f) abstrata	აბსტრაქციონიზმი	abst'raktsionizmi
impressionismo (m)	იმპრესიონიზმი	imp'resionizmi

pintura (f), quadro (m)	სურათი	surati
desenho (m)	ნახატი	nakhat'i
cartaz, pôster (m)	პლაკატი	p'lak'at'i

ilustração (f)	ილუსტრაცია	ilust'ratsia
miniatura (f)	მინიატურა	miniat'ura
cópia (f)	ასლი	asli
reprodução (f)	რეპროდუქცია	rep'roduktsia

mosaico (m)	მოზაიკა	mozaik'a
vitral (m)	ვიტრაჟი	vit'razhi
afresco (m)	ფრესკა	presk'a
gravura (f)	გრავიურა	graviura

busto (m)	ბიუსტი	biust'i
escultura (f)	ქანდაკება	kandak'eba
estátua (f)	ქანდაკება	kandak'eba
gesso (m)	თაბაშირი	tabashiri
em gesso (adj)	თაბაშირისა	tabashirisa

retrato (m)	პორტრეტი	p'ort'ret'i
autorretrato (m)	ავტოპორტრეტი	avt'op'ort'ret'i
paisagem (f)	პეიზაჟი	p'eizazhi
natureza (f) morta	ნატურმორტი	nat'urmort'i
caricatura (f)	კარიკატურა	k'arik'at'ura
esboço (m)	მონახაზი	monakhazi

tinta (f)	საღებავი	saghebavi
aquarela (f)	წყალსაღებავი	ts'qalsaghebavi
tinta (f) a óleo	ზეთი	zeti
lápis (m)	ფანქარი	pankari
tinta (f) nanquim	ტუში	t'ushi
carvão (m)	ნახშირი	nakhshiri

desenhar (vt)	ხატვა	khat'va
pintar (vt)	ხატვა	khat'va

posar (vi)	პოზირება	p'ozireba
modelo (m)	მენატურე	menat'ure

modelo (f)	მენატურე	menat'ure
pintor (m)	მხატვარი	mkhat'vari
obra (f)	ნაწარმოები	nats'armoebi
obra-prima (f)	შედევრი	shedevri
estúdio (m)	სახელოსნო	sakhelosno

tela (f)	ტილო	t'ilo
cavalete (m)	მოლბერტი	molbert'i
paleta (f)	პალიტრა	p'alit'ra

moldura (f)	ჩარჩო	charcho
restauração (f)	რესტავრაცია	rest'avratsia
restaurar (vt)	რესტავრაციის მოხდენა	rest'avratsiis mokhdena

127. Literatura & Poesia

literatura (f)	ლიტერატურა	lit'erat'ura
autor (m)	ავტორი	avt'ori
pseudônimo (m)	ფსევდონიმი	psevdonimi

livro (m)	წიგნი	ts'igni
volume (m)	ტომი	t'omi
índice (m)	სარჩევი	sarchevi
página (f)	გვერდი	gverdi
protagonista (m)	მთავარი გმირი	mtavari gmiri
autógrafo (m)	ავტოგრაფი	avt'ograpi

conto (m)	მოთხრობა	motkhroba
novela (f)	მოთხრობა	motkhroba
romance (m)	რომანი	romani
obra (f)	თხზულება	tkhzuleba
fábula (m)	იგავ-არაკი	igav-arak'i
romance (m) policial	დეტექტივი	det'ekt'ivi

verso (m)	ლექსი	leksi
poesia (f)	პოეზია	p'oezia
poema (m)	პოემა	p'oema
poeta (m)	პოეტი	p'oet'i

ficção (f)	ბელეტრისტიკა	belet'rist'ik'a
ficção (f) científica	სამეცნიერო ფანტასტიკა	sametsniero pant'ast'ik'a
aventuras (f pl)	თავგადასავლები	tavgadasavlebi
literatura (f) didática	სასწავლო ლიტერატურა	sasts'avlo lit'erat'ura
literatura (f) infantil	საბავშვო ლიტერატურა	sabavshvo lit'erat'ura

128. Circo

circo (m)	ცირკი	tsirk'i
circo (m) ambulante	ცირკი-შაპიტო	tsirk'i-shap'it'o
programa (m)	პროგრამა	p'rograma
apresentação (f)	წარმოდგენა	ts'armodgena
número (m)	ნომერი	nomeri

picadeiro (f)	არენა	arena
pantomima (f)	პანტომიმა	p'ant'omima
palhaço (m)	ჯამბაზი	jambazi

acrobata (m)	აკრობატი	ak'robat'i
acrobacia (f)	აკრობატიკა	ak'robat'ik'a
ginasta (m)	ტანმოვარჯიშე	t'anmovarjishe
ginástica (f)	ტანვარჯიში	t'anvarjishi
salto (m) mortal	სალტო	salt'o

homem (m) forte	ათლეტი	atlet'i
domador (m)	მომთვინიერებელი	momtvinierebeli
cavaleiro (m) equilibrista	ცხენოსანი	tskhenosani
assistente (m)	ასისტენტი	asist'ent'i

truque (m)	ტრიუკი	t'riuk'i
truque (m) de mágica	ფოკუსი	pok'usi
ilusionista (m)	ფოკუსნიკი	pok'usnik'i

malabarista (m)	ჟონგლიორი	zhongliori
fazer malabarismos	ჟონგლიორობა	zhonglioroba
adestrador (m)	ცხოველების მწვრთნელი	tskhovelebis mts'vrtneli
adestramento (m)	წვრთნა	ts'vrtna
adestrar (vt)	წვრთნა	ts'vrtna

129. Música. Música popular

música (f)	მუსიკა	musik'a
músico (m)	მუსიკოსი	musik'osi
instrumento (m) musical	მუსიკალური ინსტრუმენტი	musik'aluri inst'rument'i
tocar ...	დაკვრა	dak'vra

guitarra (f)	გიტარა	git'ara
violino (m)	ვიოლინო	violino
violoncelo (m)	ვიოლონჩელი	violoncheli
contrabaixo (m)	კონტრაბასი	k'ont'rabasi
harpa (f)	არფა	arpa

piano (m)	პიანინო	p'ianino
piano (m) de cauda	როიალი	roiali
órgão (m)	ორგანი	organi

instrumentos (m pl) de sopro	ჩასაბერი ინსტრუმენტები	chasaberi inst'rument'ebi
oboé (m)	ჰობოი	hoboi
saxofone (m)	საქსოფონი	saksoponi
clarinete (m)	კლარნეტი	k'larnet'i
flauta (f)	ფლეიტა	pleit'a
trompete (m)	საყვირი	saqviri

| acordeão (m) | აკორდეონი | ak'ordeoni |
| tambor (m) | დოლი | doli |

| dueto (m) | დუეტი | duet'i |
| trio (m) | ტრიო | t'rio |

117

quarteto (m)	კვარტეტი	k'vart'et'i
coro (m)	გუნდი	gundi
orquestra (f)	ორკესტრი	ork'est'ri
música (f) pop	პოპ-მუსიკა	p'op'-musik'a
música (f) rock	როკ-მუსიკა	rok'-musik'a
grupo (m) de rock	როკ-ჯგუფი	rok'-jgupi
jazz (m)	ჯაზი	jazi
ídolo (m)	კერპი	k'erp'i
fã, admirador (m)	თაყვანისმცემელი	taqvanismtsemeli
concerto (m)	კონცერტი	k'ontsert'i
sinfonia (f)	სიმფონია	simponia
composição (f)	თხზულება	tkhzuleba
compor (vt)	შეთხზვა	shetkhzva
canto (m)	სიმღერა	simghera
canção (f)	სიმღერა	simghera
melodia (f)	მელოდია	melodia
ritmo (m)	რიტმი	rit'mi
blues (m)	ბლუზი	bluzi
notas (f pl)	ნოტები	not'ebi
batuta (f)	ჯოხი	jokhi
arco (m)	ხემი	khemi
corda (f)	სიმი	simi
estojo (m)	ფუტლარი	put'lari

Descanso. Entretenimento. Viagens

130. Viagens

turismo (m)	ტურიზმი	t'urizmi
turista (m)	ტურისტი	t'urist'i
viagem (f)	მოგზაურობა	mogzauroba
aventura (f)	თავგადასავალი	tavgadasavali
percurso (curta viagem)	ხანმოკლე მოგზაურობა	khanmok'le mogzauroba
férias (f pl)	შვებულება	shvebuleba
estar de férias	შვებულებაში ყოფნა	shvebulebashi qopna
descanso (m)	დასვენება	dasveneba
trem (m)	მატარებელი	mat'arebeli
de trem (chegar ~)	მატარებლით	mat'areblit
avião (m)	თვითმფრინავი	tvitmprinavi
de avião	თვითმფრინავით	tvitmprinavit
de carro	ავტომობილით	avt'omobilit
de navio	გემით	gemit
bagagem (f)	ბარგი	bargi
mala (f)	ჩემოდანი	chemodani
carrinho (m)	ურიკა	urik'a
passaporte (m)	პასპორტი	p'asp'ort'i
visto (m)	ვიზა	viza
passagem (f)	ბილეთი	bileti
passagem (f) aérea	ავიაბილეთი	aviabileti
guia (m) de viagem	მეგზური	megzuri
mapa (m)	რუკა	ruk'a
área (f)	ადგილი	adgili
lugar (m)	ადგილი	adgili
exotismo (m)	ეგზოტიკა	egzot'ik'a
exótico (adj)	ეგზოტიკური	egzot'ik'uri
surpreendente (adj)	საოცარი	saotsari
grupo (m)	ჯგუფი	jgupi
excursão (f)	ექსკურსია	eksk'ursia
guia (m)	ექსკურსიის მძღოლი	eksk'ursiis mdzgholi

131. Hotel

hotel (m)	სასტუმრო	sast'umro
motel (m)	მოტელი	mot'eli
três estrelas	სამი ვარსკვლავი	sami varsk'vlavi

| cinco estrelas | ხუთი ვარსკვლავი | khuti varsk'vlavi |
| ficar (vi, vt) | გაჩერება | gachereba |

quarto (m)	ნომერი	nomeri
quarto (m) individual	ერთადგილიანი ნომერი	ertadgiliani nomeri
quarto (m) duplo	ორადგილიანი ნომერი	oradgiliani nomeri
reservar um quarto	ნომრის დაჯავშნა	nomeris dajavshna

| meia pensão (f) | ნახევარპანსიონი | nakhevarp'ansioni |
| pensão (f) completa | სრული პანსიონი | sruli p'ansioni |

com banheira	საabაზანოთი	saabazanoti
com chuveiro	შხაპით	shkhap'it
televisão (m) por satélite	თანამგზავრული ტელევიზია	tanamgzavruli t'elevizia
ar (m) condicionado	კონდიციონერი	k'onditsioneri
toalha (f)	პირსახოცი	p'irsakhotsi
chave (f)	გასაღები	gasaghebi

administrador (m)	ადმინისტრატორი	administ'rat'ori
camareira (f)	მოახლე	moakhle
bagageiro (m)	მებარგული	mebarguli
porteiro (m)	პორტიე	p'ort'ie

restaurante (m)	რესტორანი	rest'orani
bar (m)	ბარი	bari
café (m) da manhã	საუზმე	sauzme
jantar (m)	ვახშამი	vakhshami
bufê (m)	შვედური მაგიდა	shveduri magida

| saguão (m) | ვესტიბიული | vest'ibiuli |
| elevador (m) | ლიფტი | lipt'i |

| NÃO PERTURBE | ნუ შემაწუხებთ | nu shemats'ukhebt |
| PROIBIDO FUMAR! | ნუ მოსწევთ! | nu mosts'evt! |

132. Livros. Leitura

livro (m)	წიგნი	ts'igni
autor (m)	ავტორი	avt'ori
escritor (m)	მწერალი	mts'erali
escrever (~ um livro)	დაწერა	dats'era

leitor (m)	მკითხველი	mk'itkhveli
ler (vt)	კითხვა	k'itkhva
leitura (f)	კითხვა	k'itkhva

| para si | თავისთვის | tavistvis |
| em voz alta | ხმამაღლა | khmamaghla |

publicar (vt)	გამოცემა	gamotsema
publicação (f)	გამოცემა	gamotsema
editor (m)	გამომცემელი	gamomtsemeli
editora (f)	გამომცემლობა	gamomtsemloba

sair (vi)	გამოსვლა	gamosvla
lançamento (m)	გამოსვლა	gamosvla
tiragem (f)	ტირაჟი	t'irazhi
livraria (f)	წიგნების მაღაზია	ts'ignebis maghazia
biblioteca (f)	ბიბლიოთეკა	bibliotek'a
novela (f)	მოთხრობა	motkhroba
conto (m)	მოთხრობა	motkhroba
romance (m)	რომანი	romani
romance (m) policial	დეტექტივი	det'ekt'ivi
memórias (f pl)	მემუარები	memuarebi
lenda (f)	ლეგენდა	legenda
mito (m)	მითი	miti
poesia (f)	ლექსები	leksebi
autobiografia (f)	ავტობიოგრაფია	avt'obiograpia
obras (f pl) escolhidas	რჩეული	rcheuli
ficção (f) científica	ფანტასტიკა	pant'ast'ik'a
título (m)	დასახელება	dasakheleba
introdução (f)	შესავალი	shesavali
folha (f) de rosto	სატიტულო ფურცელი	sat'it'ulo purtseli
capítulo (m)	თავი	tavi
excerto (m)	ნაწყვეტი	nats'qvet'i
episódio (m)	ეპიზოდი	ep'izodi
enredo (m)	სიუჟეტი	siuzhet'i
conteúdo (m)	შინაარსი	shinaarsi
índice (m)	სარჩევი	sarchevi
protagonista (m)	მთავარი გმირი	mtavari gmiri
volume (m)	ტომი	t'omi
capa (f)	გარეკანი	garek'ani
encadernação (f)	ყდა	qda
marcador (m) de página	სანიშნი	sanishni
página (f)	გვერდი	gverdi
folhear (vt)	გადაფურცვლა	gadapurtsvla
margem (f)	კიდეები	k'ideebi
anotação (f)	ჩანანიშნი	chananishni
nota (f) de rodapé	შენიშვნა	shenishvna
texto (m)	ტექსტი	t'ekst'i
fonte (f)	შრიფტი	shript'i
falha (f) de impressão	ბეჭდვითი შეცდომა	bech'dviti shetsdoma
tradução (f)	თარგმანი	targmani
traduzir (vt)	თარგმნა	targmna
original (m)	დედანი	dedani
famoso (adj)	სახელგანთქმული	sakhelgantkmuli
desconhecido (adj)	ნაკლებად ცნობილი	nak'lebad tsnobili
interessante (adj)	საინტერესო	saint'ereso

best-seller (m)	ბესტსელერი	best'seleri
dicionário (m)	ლექსიკონი	leksik'oni
livro (m) didático	სახელმძღვანელო	sakhelmdzghvanelo
enciclopédia (f)	ენციკლოპედია	entsik'lop'edia

133. Caça. Pesca

caça (f)	ნადირობა	nadiroba
caçar (vi)	ნადირობა	nadiroba
caçador (m)	მონადირე	monadire

disparar, atirar (vi)	სროლა	srola
rifle (m)	თოფი	topi
cartucho (m)	ვაზნა	vazna
chumbo (m) de caça	საფანტი	sapant'i

armadilha (f)	ხაფანგი	khapangi
armadilha (com corda)	მახე	makhe
cair na armadilha	ხაფანგში მოხვედრა	khapangshi mokhvedra
pôr a armadilha	ხაფანგის დაგება	khapangis dageba

caçador (m) furtivo	ბრაკონიერი	brak'onieri
caça (animais)	ნანადირევი	nanadirevi
cão (m) de caça	მონადირე ძაღლი	monadire dzaghli
safári (m)	საფარი	sapari
animal (m) empalhado	ფიტული	pit'uli

pescador (m)	მეთევზე	metevze
pesca (f)	თევზაობა	tevzaoba
pescar (vt)	თევზაობა	tevzaoba

vara (f) de pesca	ანკესი	ank'esi
linha (f) de pesca	ანკესის მკედი	ank'esis mk'edi
anzol (m)	ნემსკავი	nemsk'avi
boia (f), flutuador (m)	ტივტივა	t'ivt'iva
isca (f)	სატყუარა	sat'quara

| lançar a linha | ანკესის გადაგდება | ank'esis gadagdeba |
| morder (peixe) | ანკესზე წამოგება | ank'esze ts'amogeba |

| pesca (f) | ნათევზავი | natevzavi |
| buraco (m) no gelo | ყინულჯრილი | qinulch'rili |

| rede (f) | ბადე | bade |
| barco (m) | ნავი | navi |

pescar com rede	ბადით ჭერა	badit ch'era
lançar a rede	ბადის გადაგდება	badis gadagdeba
puxar a rede	ბადის ამოღება	badis amogheba
cair na rede	ბადეში მოხვედრა	badeshi mokhvedra

baleeiro (m)	ვეშაპზე ნადირობა	veshap'ze nadiroba
baleeira (f)	ვეშაპზე სანადირო გემი	veshap'ze sanadiro gemi
arpão (m)	ჰარპუნი	harp'uni

134. Jogos. Bilhar

bilhar (m)	ბილიარდი	biliardi
sala (f) de bilhar	საბილიარდო	sabiliardo
bola (f) de bilhar	ბილიარდის ბურთი	biliardis burti
embolsar uma bola	ბურთის ჩაგდება	burtis chagdeba
taco (m)	ბილიარდის ჯოხი	biliardis jokhi
caçapa (f)	ლუზა	luza

135. Jogos. Jogar cartas

ouros (m pl)	აგური	aguri
espadas (f pl)	ყვავი	qvavi
copas (f pl)	გული	guli
paus (m pl)	ჯვარი	jvari
ás (m)	ტუზი	t'uzi
rei (m)	მეფე	mepe
dama (f), rainha (f)	ქალი	kali
valete (m)	ვალეტი	valet'i
carta (f) de jogar	კარტი	k'art'i
cartas (f pl)	კარტი	k'art'i
trunfo (m)	კოზირი	k'oziri
baralho (m)	დასტა	dast'a
ponto (m)	ქულა	kula
dar, distribuir (vt)	დარიგება	darigeba
embaralhar (vt)	არევა	areva
vez, jogada (f)	სვლა	svla
trapaceiro (m)	შულერი	shuleri

136. Descanso. Jogos. Diversos

passear (vi)	სეირნობა	seirnoba
passeio (m)	გასეირნება	gaseirneba
viagem (f) de carro	გასეირნება	gaseirneba
aventura (f)	თავგადასავალი	tavgadasavali
piquenique (m)	პიკნიკი	p'ik'nik'i
jogo (m)	თამაში	tamashi
jogador (m)	მოთამაშე	motamashe
partida (f)	პარტია	p'art'ia
colecionador (m)	კოლექციონერი	k'olektsioneri
colecionar (vt)	კოლექციონირება	k'olektsionireba
coleção (f)	კოლექცია	k'olektsia
palavras (f pl) cruzadas	კროსვორდი	k'rosvordi
hipódromo (m)	იპოდრომი	ip'odromi

discoteca (f)	დისკოთეკა	disk'otek'a
sauna (f)	საუნა	sauna
loteria (f)	ლატარეა	lat'area

campismo (m)	ლაშქრობა	lashkroba
acampamento (m)	ბანაკი	banak'i
barraca (f)	კარავი	k'aravi
bússola (f)	კომპასი	k'omp'asi
campista (m)	ტურისტი	t'urist'i

ver (vt), assistir à ...	ყურება	qureba
telespectador (m)	ტელემაყურებელი	t'elemaqurebeli
programa (m) de TV	ტელეგადაცემა	t'elegadatsema

137. Fotografia

| máquina (f) fotográfica | ფოტოაპარატი | pot'oap'arat'i |
| foto, fotografia (f) | ფოტოსურათი | pot'osurati |

fotógrafo (m)	ფოტოგრაფი	pot'ograpi
estúdio (m) fotográfico	ფოტოსტუდია	pot'ost'udia
álbum (m) de fotografias	ფოტოალბომი	pot'oalbomi

lente (f) fotográfica	ობიექტივი	obiekt'ivi
lente (f) teleobjetiva	ტელეობიექტივი	t'eleobiekt'ivi
filtro (m)	ფილტრი	pilt'ri
lente (f)	ლინზა	linza

ótica (f)	ოპტიკა	op't'ik'a
abertura (f)	დიაფრაგმა	diapragma
exposição (f)	დაყოვნება	daqovneba
visor (m)	ხედის მაძიებელი	khedis madziebeli

câmera (f) digital	ციფრული კამერა	tsipruli k'amera
tripé (m)	შტატივი	sht'at'ivi
flash (m)	განათება	ganateba

fotografar (vt)	სურათის გადაღება	suratis gadagheba
tirar fotos	გადაღება	gadagheba
fotografar-se (vr)	სურათის გადაღება	suratis gadagheba

foco (m)	სიმკვეთრე	simk'vetre
focar (vt)	სიმკვეთრის დაყენება	simk'vetris daqeneba
nítido (adj)	მკვეთრი	mk'vetri
nitidez (f)	სიმკვეთრე	simk'vetre

| contraste (m) | კონტრასტი | k'ont'rast'i |
| contrastante (adj) | კონტრასტული | k'ont'rast'uli |

retrato (m)	ფოტოსურათი	pot'osurati
negativo (m)	ნეგატივი	negat'ivi
filme (m)	ფოტოფირი	pot'opiri
fotograma (m)	კადრი	k'adri
imprimir (vt)	ბეჭდva	bech'dva

138. Praia. Natação

praia (f)	პლაჟი	p'lazhi
areia (f)	ქვიშა	kvisha
deserto (adj)	უდაბური	udaburi

bronzeado (m)	ნამზეური	namzeuri
bronzear-se (vr)	მზეზე გაშავება	mzeze gashaveba
bronzeado (adj)	მზემოკიდებული	mzemok'idebuli
protetor (m) solar	ნამზეურის კრემი	namzeuris k'remi

biquíni (m)	ბიკინი	bik'ini
maiô (m)	საბანაო კოსტიუმი	sabanao k'ost'iumi
calção (m) de banho	საბანაო ტრუსი	sabanao t'rusi

piscina (f)	აუზი	auzi
nadar (vi)	ცურვა	tsurva
chuveiro (m), ducha (f)	შხაპი	shkhap'i
mudar, trocar (vt)	გამოცვლა	gamotsvla
toalha (f)	პირსახოცი	p'irsakhotsi

barco (m)	ნავი	navi
lancha (f)	კატარღა	k'at'argha
esqui (m) aquático	წყლის თხილამურები	ts'qlis tkhilamurebi
barco (m) de pedais	წყლის ველოსიპედი	ts'qlis velosip'edi
surf, surfe (m)	სერფინგი	serpingi
surfista (m)	სერფინგისტი	serpingist'i

equipamento (m) de mergulho	აკვალანგი	ak'valangi
pé (m pl) de pato	ლასტები	last'ebi
máscara (f)	ნიღაბი	nighabi
mergulhador (m)	მყვინთავი	mqvintavi
mergulhar (vi)	ყვინთვა	qvintva
debaixo d'água	წყლის ქვეშ	ts'qlis kvesh

guarda-sol (m)	ქოლგა	kolga
espreguiçadeira (f)	შეზლონგი	shezlongi
óculos (m pl) de sol	სათვალე	satvale
colchão (m) de ar	საცურაო ლეიბი	satsurao leibi

brincar (vi)	თამაში	tamashi
ir nadar	ბანაობა	banaoba

bola (f) de praia	ბურთი	burti
encher (vt)	გაბერვა	gaberva
inflável (adj)	გასაბერი	gasaberi

onda (f)	ტალღა	t'algha
boia (f)	ტივტივა	t'ivt'iva
afogar-se (vr)	დახრჩობა	dakhrchoba

salvar (vt)	შველა	shvela
colete (m) salva-vidas	სამაშველო ჟილეტი	samashvelo zhilet'i
observar (vt)	დაკვირვება	dak'virveba
salva-vidas (pessoa)	მაშველი	mashveli

EQUIPAMENTO TÉCNICO. TRANSPORTES

Equipamento técnico. Transportes

139. Computador

computador (m)	კომპიუტერი	k'omp'iut'eri
computador (m) portátil	ნოუთბუქი	noutbuk'i
ligar (vt)	ჩართვა	chartva
desligar (vt)	გამორთვა	gamortva
teclado (m)	კლავიატურა	k'laviat'ura
tecla (f)	კლავიში	k'lavishi
mouse (m)	თაგუნა	taguna
tapete (m) para mouse	ქვეშსადები	kveshsadebi
botão (m)	ღილაკი	ghilak'i
cursor (m)	კურსორი	k'ursori
monitor (m)	მონიტორი	monit'ori
tela (f)	ეკრანი	ek'rani
disco (m) rígido	მყარი დისკი	mqari disk'i
capacidade (f) do disco rígido	მყარი დისკის მოცულობა	mqari disk'is motsuloba
memória (f)	მეხსიერება	mekhsiereba
memória RAM (f)	ოპერატიული მეხსიერება	op'erat'iuli mekhsiereba
arquivo (m)	ფაილი	paili
pasta (f)	საქაღალდე	sakaghalde
abrir (vt)	გახსნა	gakhsna
fechar (vt)	დახურვა	dakhurva
salvar (vt)	შენახვა	shenakhva
deletar (vt)	წაშლა	ts'ashla
copiar (vt)	კოპირება	k'op'ireba
ordenar (vt)	სორტირება	sort'ireba
copiar (vt)	გადაწერა	gadats'era
programa (m)	პროგრამა	p'rograma
software (m)	პროგრამული უზრუნველყოფა	p'rogramuli uzrunvelqopa
programador (m)	პროგრამისტი	p'rogramist'i
programar (vt)	პროგრამირება	p'rogramireba
hacker (m)	ჰაკერი	hak'eri
senha (f)	პაროლი	p'aroli
vírus (m)	ვირუსი	virusi
detectar (vt)	აღმოჩენა	aghmochena

byte (m)	ბაიტი	bait'i
megabyte (m)	მეგაბაიტი	megabait'i

dados (m pl)	მონაცემები	monatsemebi
base (f) de dados	მონაცემთა ბაზა	monatsemta baza

cabo (m)	კაბელი	k'abeli
desconectar (vt)	მოცილება	motsileba
conectar (vt)	შეერთება	sheerteba

140. Internet. E-mail

internet (f)	ინტერნეტი	int'ernet'i
browser (m)	ბრაუზერი	brauzeri
motor (m) de busca	საძიებო რესურსი	sadziebo resursi
provedor (m)	პროვაიდერი	p'rovaideri

webmaster (m)	ვებ-მასტერი	veb-mast'eri
website (m)	ვებ-საიტი	veb-sait'i
web page (f)	ვებ-გვერდი	veb-gverdi

endereço (m)	მისამართი	misamarti
livro (m) de endereços	სამისამართო წიგნაკი	samisamarto ts'ignak'i

caixa (f) de correio	საფოსტო ყუთი	sapost'o quti
correio (m)	ფოსტა	post'a
cheia (caixa de correio)	გავსებული	gavsebuli

mensagem (f)	შეტყობინება	shet'qobineba
mensagens (f pl) recebidas	შემავალი შეტყობინებები	shemavali shet'qobinebebi
mensagens (f pl) enviadas	გამავალი შეტყობინებები	gamavali shet'qobinebebi

remetente (m)	გამგზავნი	gamgzavni
enviar (vt)	გაგზავნა	gagzavna
envio (m)	გაგზავნა	gagzavna

destinatário (m)	მიმღები	mimghebi
receber (vt)	მიღება	migheba

correspondência (f)	მიმოწერა	mimots'era
corresponder-se (vr)	მიმოწერის კონა	mimots'eris kona

arquivo (m)	ფაილი	paili
fazer download, baixar (vt)	ჩამოტვირთვა	chamot'virtva
criar (vt)	შექმნა	shekmna
deletar (vt)	წაშლა	ts'ashla
deletado (adj)	წაშლილი	ts'ashlili

conexão (f)	კავშირი	k'avshiri
velocidade (f)	სიჩქარე	sichkare
modem (m)	მოდემი	modemi
acesso (m)	შეღწევა	sheghts'eva
porta (f)	პორტი	p'ort'i
conexão (f)	ჩართვა	chartva

conectar (vi)	ჩართვა	chartva
escolher (vt)	არჩევა	archeva
buscar (vt)	ძებნა	dzebna

Transportes

141. Avião

avião (m)	თვითმფრინავი	tvitmprinavi
passagem (f) aérea	ავიაბილეთი	aviabileti
companhia (f) aérea	ავიაკომპანია	aviak'omp'ania
aeroporto (m)	აეროპორტი	aerop'ort'i
supersônico (adj)	ზებგერითი	zebgeriti
comandante (m) do avião	ხომალდის მეთაური	khomaldis metauri
tripulação (f)	ეკიპაჟი	ek'ip'azhi
piloto (m)	პილოტი	p'ilot'i
aeromoça (f)	სტიუარდესა	st'iuardesa
copiloto (m)	შტურმანი	sht'urmani
asas (f pl)	ფრთები	prtebi
cauda (f)	კუდი	k'udi
cabine (f)	კაბინა	k'abina
motor (m)	ძრავი	dzravi
trem (m) de pouso	შასი	shasi
turbina (f)	ტურბინა	t'urbina
hélice (f)	პროპელერი	p'rop'eleri
caixa-preta (f)	შავი ყუთი	shavi quti
coluna (f) de controle	საჭევრი	sach'evri
combustível (m)	საწვავი	sats'vavi
instruções (f pl) de segurança	ინსტრუქცია	inst'ruktsia
máscara (f) de oxigênio	ჟანგბადის ნიღაბი	zhangbadis nighabi
uniforme (m)	უნიფორმა	uniporma
colete (m) salva-vidas	სამაშველო ჟილეტი	samashvelo zhilet'i
paraquedas (m)	პარაშუტი	p'arashut'i
decolagem (f)	აფრენა	aprena
descolar (vi)	აფრენა	aprena
pista (f) de decolagem	ასაფრენი ზოლი	asapreni zoli
visibilidade (f)	ხილვადობა	khilvadoba
voo (m)	ფრენა	prena
altura (f)	სიმაღლე	simaghle
poço (m) de ar	ჰაერის ორმო	haeris ormo
assento (m)	ადგილი	adgili
fone (m) de ouvido	საყურისი	saqurisi
mesa (f) retrátil	გადასაწევი მაგიდა	gadasats'evi magida
janela (f)	ილუმინატორი	iluminat'ori
corredor (m)	გასასვლელი	gasasvleli

129

142. Comboio

trem (m)	მატარებელი	mat'arebeli
trem (m) elétrico	ელექტრომატარებელი	elekt'romat'arebeli
trem (m)	ჩქაროსნული მატარებელი	chkarosnuli mat'arebeli
locomotiva (f) diesel	თბომავალი	tbomavali
locomotiva (f) a vapor	ორთქლმავალი	ortklmavali
vagão (f) de passageiros	ვაგონი	vagoni
vagão-restaurante (m)	ვაგონი-რესტორანი	vagoni-rest'orani
carris (m pl)	რელსი	relsi
estrada (f) de ferro	რკინიგზა	rk'inigza
travessa (f)	შპალი	shp'ali
plataforma (f)	პლატფორმა	p'latporma
linha (f)	ლიანდაგი	liandagi
semáforo (m)	სემაფორი	semapori
estação (f)	სადგური	sadguri
maquinista (m)	მემანქანე	memankane
bagageiro (m)	მებარგული	mebarguli
hospedeiro, -a (m, f)	გამქოლი	gamqoli
passageiro (m)	მგზავრი	mgzavri
revisor (m)	კონტროლიორი	k'ont'roliori
corredor (m)	დერეფანი	derepani
freio (m) de emergência	სტოპ-კრანი	st'op'-k'rani
compartimento (m)	კუპე	k'up'e
cama (f)	თარო	taro
cama (f) de cima	ზედა თარო	zeda taro
cama (f) de baixo	ქვედა თარო	kveda taro
roupa (f) de cama	თეთრეული	tetreuli
passagem (f)	ბილეთი	bileti
horário (m)	განრიგი	ganrigi
painel (m) de informação	ტაბლო	t'ablo
partir (vt)	გასვლა	gasvla
partida (f)	გამგზავრება	gamgzavreba
chegar (vi)	ჩამოსვლა	chamosvla
chegada (f)	ჩამოსვლა	chamosvla
chegar de trem	მატარებლით მოსვლა	mat'areblit mosvla
pegar o trem	მატარებელში ჩაჯდომა	mat'arebelshi chajdoma
descer de trem	მატარებლიდან ჩამოსვლა	mat'areblidan chamosvla
acidente (m) ferroviário	მარცხი	martskhi
descarrilar (vi)	რელსებიდან გადასვლა	relsebidan gadasvla
locomotiva (f) a vapor	ორთქლმავალი	ortklmavali
foguista (m)	ცეცხლფარეში	tsetskhlpareshi
fornalha (f)	საცეცხლე	satsetskhle
carvão (m)	ნახშირი	nakhshiri

143. Barco

navio (m)	გემი	gemi
embarcação (f)	ხომალდი	khomaldi
barco (m) a vapor	ორთქლმავალი	ortklmavali
barco (m) fluvial	თბომავალი	tbomavali
transatlântico (m)	ლაინერი	laineri
cruzeiro (m)	კრეისერი	k'reiseri
iate (m)	იახტა	iakht'a
rebocador (m)	ბუქსირი	buksiri
barcaça (f)	ბარჟა	barzha
ferry (m)	ბორანი	borani
veleiro (m)	იალქნიანი გემი	ialkniani gemi
bergantim (m)	ბრიგანტინა	brigant'ina
quebra-gelo (m)	ყინულმჭრელი	qinulmch'reli
submarino (m)	წყალქვეშა ნავი	ts'qalkvesha navi
bote, barco (m)	ნავი	navi
baleeira (bote salva-vidas)	კანჯო	k'anjo
bote (m) salva-vidas	მაშველი კანჯო	mashveli k'anjo
lancha (f)	კატარღა	k'at'argha
capitão (m)	კაპიტანი	k'ap'it'ani
marinheiro (m)	მატროსი	mat'rosi
marujo (m)	მეზღვაური	mezghvauri
tripulação (f)	ეკიპაჟი	ek'ip'azhi
contramestre (m)	ბოცმანი	botsmani
grumete (m)	იუნგა	iunga
cozinheiro (m) de bordo	კოკი	k'ok'i
médico (m) de bordo	გემის ექიმი	gemis ekimi
convés (m)	გემბანი	gembani
mastro (m)	ანძა	andza
vela (f)	იალქანი	ialkani
porão (m)	ტრიუმი	t'riumi
proa (f)	ცხვირი	tskhviri
popa (f)	კიჩო	k'icho
remo (m)	ნიჩაბი	nichabi
hélice (f)	ხრახნი	khrakhni
cabine (m)	კაიუტა	k'aiut'a
sala (f) dos oficiais	კაიუტკომპანია	k'aiut'k'omp'ania
sala (f) das máquinas	სამანქანო განყოფილება	samankano ganqopileba
ponte (m) de comando	კაპიტნის ხიდურა	k'ap'it'nis khidura
sala (f) de comunicações	რადიოჯიხური	radiojikhuri
onda (f)	ტალღა	t'algha
diário (m) de bordo	გემის ჟურნალი	gemis zhurnali
luneta (f)	ჭოგრი	ch'ogri
sino (m)	ზარი	zari

bandeira (f)	დროშა	drosha
cabo (m)	ბაგირი	bagiri
nó (m)	კვანძი	k'vandzi

corrimão (m)	სახელური	sakheluri
prancha (f) de embarque	ტრაპი	t'rap'i

âncora (f)	ღუზა	ghuza
recolher a âncora	ღუზის ამოწევა	ghuzis amots'eva
jogar a âncora	ღუზის ჩაშვება	ghuzis chashveba
amarra (corrente de âncora)	ღუზის ჯაჭვი	ghuzis jach'vi

porto (m)	ნავსადგური	navsadguri
cais, amarradouro (m)	მისადგომი	misadgomi
atracar (vi)	მიდგომა	midgoma
desatracar (vi)	ნაპირს მოცილება	nap'irs motsileba

viagem (f)	მოგზაურობა	mogzauroba
cruzeiro (m)	კრუიზი	k'ruizi
rumo (m)	კურსი	k'ursi
itinerário (m)	მარშრუტი	marshrut'i

canal (m) de navegação	ფარვატერი	parvat'eri
banco (m) de areia	თავითხელი	tavtkheli
encalhar (vt)	თავითხელზე დაჯდომა	tavtkhelze dajdoma

tempestade (f)	ქარიშხალი	karishkhali
sinal (m)	სიგნალი	signali
afundar-se (vr)	ჩაძირვა	chadzirva
Homem ao mar!	ადამიანი ბორტს იქით!	adamiani bort's ikit!
SOS	სოს	sos
boia (f) salva-vidas	საშველი რგოლი	sashveli rgoli

144. Aeroporto

aeroporto (m)	აეროპორტი	aerop'ort'i
avião (m)	თვითმფრინავი	tvitmprinavi
companhia (f) aérea	ავიაკომპანია	aviak'omp'ania
controlador (m) de tráfego aéreo	დისპეჩერი	disp'echeri

partida (f)	გაფრენა	gaprena
chegada (f)	მოფრენა	moprena
chegar (vi)	მოფრენა	moprena

hora (f) de partida	გაფრენის დრო	gaprenis dro
hora (f) de chegada	მოფრენის დრო	moprenis dro

estar atrasado	დაგვიანება	dagvianeba
atraso (m) de voo	გაფრენის დაგვიანება	gaprenis dagvianeba

painel (m) de informação	საინფორმაციო ტაბლო	sainpormatsio t'ablo
informação (f)	ინფორმაცია	inpormatsia
anunciar (vt)	გამოცხადება	gamotskhadeba

voo (m)	რეისი	reisi
alfândega (f)	საბაჟო	sabazho
funcionário (m) da alfândega	მებაჟე	mebazhe

declaração (f) alfandegária	დეკლარაცია	dek'laratsia
preencher a declaração	დეკლარაციის შევსება	dek'laratsiis shevseba
controle (m) de passaporte	საპასპორტო კონტროლი	sap'asp'ort'o k'ont'roli

bagagem (f)	ბარგი	bargi
bagagem (f) de mão	ხელის ბარგი	khelis bargi
carrinho (m)	ურიკა	urik'a

pouso (m)	დაჯდომა	dajdoma
pista (f) de pouso	დასაფრენი ზოლი	dasapreni zoli
aterrissar (vi)	დაჯდომა	dajdoma
escada (f) de avião	ტრაპი	t'rap'i

check-in (m)	რეგისტრაცია	regist'ratsia
balcão (m) do check-in	სარეგისტრაციო დგარი	saregist'ratsio dgari
fazer o check-in	დარეგისტრირება	daregist'rireba
cartão (m) de embarque	ჩასაჯდომი ტალონი	chasajdomi t'aloni
portão (m) de embarque	გასვლა	gasvla

trânsito (m)	ტრანზიტი	t'ranzit'i
esperar (vi, vt)	ლოდინი	lodini
sala (f) de espera	მოსაცდელი დარბაზი	mosatsdeli darbazi
despedir-se (acompanhar)	გაცილება	gatsileba
despedir-se (dizer adeus)	გამომშვიდობება	gamomshvidobeba

145. Bicicleta. Motocicleta

bicicleta (f)	ველოსიპედი	velosip'edi
lambreta (f)	მოტოროლერი	mot'oroleri
moto (f)	მოტოციკლი	mot'otsik'li

ir de bicicleta	ველოსიპედით სიარული	velosip'edit siaruli
guidão (m)	საჭე	sach'e
pedal (m)	პედალი	p'edali
freios (m pl)	მუხრუჭები	mukhruch'ebi
banco, selim (m)	საჯდომი	sajdomi

bomba (f)	ტუმბო	t'umbo
bagageiro (m) de teto	საბარგული	sabarguli
lanterna (f)	ფარანი	parani
capacete (m)	ჩაფხუტი	chapkhut'i

roda (f)	ბორბალი	borbali
para-choque (m)	ფრთა	prta
aro (m)	ფერსო	perso
raio (m)	მანა	mana

Carros

146. Tipos de carros

carro, automóvel (m)	ავტომობილი	avt'omobili
carro (m) esportivo	სასპორტო ავტომობილი	sasp'ort'o avt'omobili
limusine (f)	ლიმუზინი	limuzini
todo o terreno (m)	ყველგანმავალი	qvelganmavali
conversível (m)	კაბრიოლეტი	k'abriolet'i
minibus (m)	მიკროავტობუსი	mik'roavt'obusi
ambulância (f)	სასწრაფო დახმარება	sasts'rapo dakhmareba
limpa-neve (m)	თოვლსაღები მანქანა	tovlsaghebi mankana
caminhão (m)	სატვირთო მანქანა	sat'virto mankana
caminhão-tanque (m)	ბენზინმზიდი	benzinmzidi
perua, van (f)	ფურგონი	purgoni
caminhão-trator (m)	საწევრი	sats'evri
reboque (m)	მისაბმელი	misabmeli
confortável (adj)	კომფორტული	k'omport'uli
usado (adj)	ნახმარი	nakhmari

147. Carros. Carroçaria

capô (m)	კაპოტი	k'ap'ot'i
para-choque (m)	ფრთა	prta
teto (m)	სახურავი	sakhuravi
para-brisa (m)	საქარე მინა	sakare mina
retrovisor (m)	უკანა ხედის სარკე	uk'ana khedis sark'e
esguicho (m)	გამრეცხი	gamretskhi
limpadores (m) de para-brisas	მინასაწმენდი	minasats'mendi
vidro (m) lateral	გვერდითი მინა	gverditi mina
elevador (m) do vidro	მინის ამწევი	minis amts'evi
antena (f)	ანტენა	ant'ena
teto (m) solar	ლიუკი	liuk'i
para-choque (m)	ბამპერი	bamp'eri
porta-malas (f)	საბარგული	sabarguli
porta (f)	კარი	k'ari
maçaneta (f)	სახელური	sakheluri
fechadura (f)	კლიტე	k'lit'e
placa (f)	ნომერი	nomeri
silenciador (m)	მაყუჩი	maquchi

tanque (m) de gasolina	ბენზინის ავზი	benzinis avzi
tubo (m) de exaustão	გამოსაბოლქვი მილი	gamosabolkvi mili

acelerador (m)	გაზი	gazi
pedal (m)	სატერფული	sat'erpuli
pedal (m) do acelerador	გაზის სატერფული	gazis sat'erpuli

freio (m)	მუხრუჭი	mukhruch'i
pedal (m) do freio	მუხრუჭის სატერფული	mukhruch'is sat'erpuli
frear (vt)	დამუხრუჭება	damukhruch'eba
freio (m) de mão	სადგომი მუხრუჭი	sadgomi mukhruch'i

embreagem (f)	გადაბმულობა	gadabmuloba
pedal (m) da embreagem	გადაბმულობის სატერფული	gadabmulobis sat'erpuli
disco (m) de embreagem	გადაბმულობის დისკი	gadabmulobis disk'i
amortecedor (m)	ამორტიზატორი	amort'izat'ori

roda (f)	ბორბალი	borbali
pneu (m) estepe	სათადარიგო ბორბალი	satadarigo borbali
pneu (m)	საბურავი	saburavi
calota (f)	ხუფი	khupi

rodas (f pl) motrizes	წამყვანი ბორბალი	ts'amqvani borbali
de tração dianteira	წინა მძრავიანი	ts'ina mdzraviani
de tração traseira	უკანა მძრავიანი	uk'ana mdzraviani
de tração às 4 rodas	სრულ მძრავიანი	srul mdzraviani

caixa (f) de mudanças	გადაცემათა კოლოფი	gadatsemata k'olopi
automático (adj)	ავტომატური	avt'omat'uri
mecânico (adj)	მექანიკური	mekanik'uri
alavanca (f) de câmbio	გადაცემათა კოლოფის ბერკეტი	gadatsemata k'olopis berk'et'i

farol (m)	ფარა	para
faróis (m pl)	ფარები	parebi

farol (m) baixo	ახლო განათება	akhlo ganateba
farol (m) alto	შორი განათება	shori ganateba
luzes (f pl) de parada	სტოპ-სიგნალი	st'op'-signali

luzes (f pl) de posição	გაბარიტული განათება	gabarit'uli ganateba
luzes (f pl) de emergência	ავარიული განათება	avariuli ganateba
faróis (m pl) de neblina	ნისლსაწინააღმდეგო ფარები	nislsats'inaaghmdego parebi
pisca-pisca (m)	„მოხვევის ნიშანი“	mokhvevis nishani
luz (f) de marcha ré	„უკუსვლა“	uk'usvla

148. Carros. Habitáculo

interior (do carro)	სალონი	saloni
de couro	ტყავის	t'qavis
de veludo	ველიურის	veliuris
estofamento (m)	გადასაკრავი	gadasak'ravi
indicador (m)	ხელსაწყო	khelsats'qo

painel (m)	ხელსაწყოს დაფა	khelsats'qos dapa
velocímetro (m)	სპიდომეტრი	sp'idomet'ri
ponteiro (m)	ისარი	isari

hodômetro, odômetro (m)	მრიცხველი	mritskhveli
indicador (m)	გადამწოდი	gadamts'odi
nível (m)	დონე	done
luz (f) de aviso	ნათურა	natura

volante (m)	საჭე, საჭის ბორბალი	sach'e, sach'is borbali
buzina (f)	სიგნალი	signali
botão (m)	ღილაკი	ghilak'i
interruptor (m)	გადამრთველი	gadamrtveli

assento (m)	საჯდომი	sajdomi
costas (f pl) do assento	ზურგი	zurgi
cabeceira (f)	თავმისადები	tavmisadebi
cinto (m) de segurança	უსაფრთხოების ღვედი	usaprtkhoebis ghvedi
apertar o cinto	ღვედების შეკვრა	ghvedebis shek'vra
ajuste (m)	რეგულირება	regulireba

| airbag (m) | საჰაერო ბალიში | sahaero balishi |
| ar (m) condicionado | კონდიციონერი | k'onditsioneri |

rádio (m)	რადიო	radio
leitor (m) de CD	CD-საკრავი	CD-sak'ravi
ligar (vt)	ჩართვა	chartva
antena (f)	ანტენა	ant'ena
porta-luvas (m)	პატარა საბარგული	p'at'ara sabarguli
cinzeiro (m)	საფერფლე	saperple

149. Carros. Motor

motor (m)	ძრავა	dzrava
a diesel	დიზელის	dizelis
a gasolina	ბენზინის	benzinis

cilindrada (f)	ძრავის მოცულობა	dzravis motsuloba
potência (f)	სიმძლავრე	simdzlavre
cavalo (m) de potência	ცხენის ძალა	tskhenis dzala
pistão (m)	დგუში	dgushi
cilindro (m)	ცილინდრი	tsilindri
válvula (f)	სარქველი	sarkveli

injetor (m)	ინჟექტორი	inzhekt'ori
gerador (m)	გენერატორი	generat'ori
carburador (m)	კარბიურატორი	k'arbiurat'ori
óleo (m) de motor	ძრავის ზეთი	dzravis zeti

radiador (m)	რადიატორი	radiat'ori
líquido (m) de arrefecimento	მაციებელი სითხე	matsivebeli sitkhe
ventilador (m)	ვენტილატორი	vent'ilat'ori
bateria (f)	აკუმულატორი	ak'umulat'ori
dispositivo (m) de arranque	სტარტერი	st'art'eri

| ignição (f) | ანთება | anteba |
| vela (f) de ignição | ამნთები სანთელი | amntebi santeli |

terminal (m)	კლემა	k'lema
terminal (m) positivo	პლიუსი	p'liusi
terminal (m) negativo	მინუსი	minusi
fusível (m)	მცველი	mtsveli

filtro (m) de ar	საჰაერო ფილტრი	sahaero pilt'ri
filtro (m) de óleo	ზეთის ფილტრი	zetis pilt'ri
filtro (m) de combustível	საწვავის ფილტრი	sats'vavis pilt'ri

150. Carros. Batidas. Reparação

acidente (m) de carro	ავარია	avaria
acidente (m) rodoviário	საგზაო შემთხვევა	sagzao shemtkhveva
bater (~ num muro)	შეჯახება	shejakheba
sofrer um acidente	დამტვრევა	damt'vreva
dano (m)	დაზიანება	dazianeba
intato	დაუზიანებელი	dauzianebeli

pane (f)	ავარია	avaria
avariar (vi)	დამტვრევა	damt'vreva
cabo (m) de reboque	საბუქსირო ტროსი	sabuksiro t'rosi

furo (m)	გახვრეტა	gakhvret'a
estar furado	ჩაფუშვა	chapushva
encher (vt)	დატუმბვა	dat'umbva
pressão (f)	წნევა	ts'neva
verificar (vt)	შემოწმება	shemots'meba

reparo (m)	რემონტი	remont'i
oficina (f) automotiva	ავტოსერვისი	avt'oservisi
peça (f) de reposição	სათადარიგო ნაწილი	satadarigo nats'ili
peça (f)	დეტალი	det'ali

parafuso (com porca)	ჭანჭიკი	ch'anch'ik'i
parafuso (m)	ხრახნი	khrakhni
porca (f)	ქანჩი	kanchi
arruela (f)	საყელური	saqeluri
rolamento (m)	საკისარი	sak'isari

tubo (m)	მილი	mili
junta, gaxeta (f)	შუასადები	shuasadebi
fio, cabo (m)	სადენი	sadeni

macaco (m)	დომკრატი	domk'rat'i
chave (f) de boca	ქანჩის გასაღები	kanchis gasaghebi
martelo (m)	ჩაქუჩი	chakuchi
bomba (f)	ტუმბო	t'umbo
chave (f) de fenda	სახრახნისი	sakhrakhnisi

| extintor (m) | ცეცხლსაქრობი | tsetskhlsakrobi |
| triângulo (m) de emergência | საავარიო სამკუთხედი | saavario samk'utkhedi |

137

morrer (motor)	ჩაქრობა	chakroba
paragem, "morte" (f)	გაჩერება	gachereba
estar quebrado	დაიმტვრეს	daimt'vres

superaquecer-se (vr)	გადახურება	gadakhureba
entupir-se (vr)	გაჭედვა	gach'edva
congelar-se (vr)	გაყინვა	gaqinva
rebentar (vi)	გახეთქვა	gakhetkva

pressão (f)	წნევა	ts'neva
nível (m)	დონე	done
frouxo (adj)	სუსტი	sust'i

batida (f)	შეჩყლეტილი	shech'qlet'ili
ruído (m)	კაკუნი	k'ak'uni
fissura (f)	ბზარი	bzari
arranhão (m)	ნაკაწრი	nak'ats'ri

151. Carros. Estrada

estrada (f)	გზა	gza
autoestrada (f)	ავტომაგისტრალი	avt'omagist'rali
rodovia (f)	გზატკეცილი	gzat'k'etsili
direção (f)	მიმართულება	mimartuleba
distância (f)	მანძილი	mandzili

ponte (f)	ხიდი	khidi
parque (m) de estacionamento	პარკინგი	p'ark'ingi
praça (f)	მოედანი	moedani
nó (m) rodoviário	კვანძი	k'vandzi
túnel (m)	გვირაბი	gvirabi

posto (m) de gasolina	ავტოგასასმართი	avt'ogasamarti
parque (m) de estacionamento	ავტოსადგომი	avt'osadgomi
bomba (f) de gasolina	ბენზინგასასმართი	benzingasamarti
oficina (f) automotiva	ავტოსერვისი	avt'oservisi
abastecer (vt)	შევსება	shevseba
combustível (m)	საწვავი	sats'vavi
galão (m) de gasolina	კანისტრა	k'anist'ra

asfalto (m)	ასფალტი	aspalt'i
marcação (f) de estradas	მონიშვნა	monishvna
meio-fio (m)	ბორდიური	bordiuri
guard-rail (m)	შემოღობვა	shemoghobva
valeta (f)	კიუვეტი	k'iuvet'i
acostamento (m)	გზისპირი	gzisp'iri
poste (m) de luz	სვეტი	svet'i

dirigir (vt)	მართვა	martva
virar (~ para a direita)	მობრუნება	mobruneba
dar retorno	მობრუნება	mobruneba
ré (f)	უკუსვლა	uk'usvla
buzinar (vi)	დასიგნალება	dasignaleba
buzina (f)	ხმოვანი სიგნალი	khmovani signali

atolar-se (vr)	გაჭედვა	gach'edva
patinar (na lama)	ბუქსაობა	buksaoba
desligar (vt)	ჩაქრობა	chakroba

velocidade (f)	სიჩქარე	sichkare
exceder a velocidade	სიჩქარის გადაჭარბება	sichkaris gadach'arbeba
multar (vt)	დაჯარიმება	dajarimeba
semáforo (m)	შუქნიშანი	shuknishani
carteira (f) de motorista	მართვის მოწმობა	martvis mots'moba

passagem (f) de nível	გადასასვლელი	gadasasvleli
cruzamento (m)	გზაჯვარედინი	gzajvaredini
faixa (f)	საქვეითო გადასასვლელი	sakveito gadasasvleli
curva (f)	შესახვევი	shesakhvevi
zona (f) de pedestres	საქვეითო ზონა	sakveito zona

139

PESSOAS. EVENTOS

Eventos

152. Férias. Evento

festa (f)	დღესასწაული	dghesasts'auli
feriado (m) nacional	ნაციონალური დღესასწაული	natsionaluri dghesasts'auli
feriado (m)	სადღესასწაულო დღე	sadghesasts'aulo dghe
festejar (vt)	ზეიმობა	zeimoba
evento (festa, etc.)	მოვლენა	movlena
evento (banquete, etc.)	ღონისძიება	ghonisdzieba
banquete (m)	ბანკეტი	bank'et'i
recepção (f)	მიღება	migheba
festim (m)	ლხინი	lkhini
aniversário (m)	წლისთავი	ts'listavi
jubileu (m)	ზეიმობა	zeimoba
celebrar (vt)	აღნიშვნა	aghnishvna
Ano (m) Novo	ახალი წელი	akhali ts'eli
Feliz Ano Novo!	გილოცავთ ახალ წელს	gilotsavt akhal ts'els
Natal (m)	შობა	shoba
Feliz Natal!	მხიარულ შობას გისურვებთ!	mkhiarul shobas gisurvebt!
árvore (f) de Natal	საშობაო ნაძვის ხე	sashobao nadzvis khe
fogos (m pl) de artifício	სალიუტი	saliut'i
casamento (m)	ქორწილი	korts'ili
noivo (m)	საქმრო	sakmro
noiva (f)	პატარძალი	p'at'ardzali
convidar (vt)	მოწვევა	mots'veva
convite (m)	მოწვევა	mots'veva
convidado (m)	სტუმარი	st'umari
visitar (vt)	სტუმრად წასვლა	st'umrad ts'asvla
receber os convidados	სტუმრების დახვედრა	st'umrebis dakhvedra
presente (m)	საჩუქარი	sachukari
oferecer, dar (vt)	ჩუქება	chukeba
receber presentes	საჩუქრების მიღება	sachukrebis migheba
buquê (m) de flores	თაიგული	taiguli
felicitações (f pl)	მილოცვა	milotsva
felicitar (vt)	მილოცვა	milotsva
cartão (m) de parabéns	მისალოცი ბარათი	misalotsi barati

| enviar um cartão postal | ბარათის გაგზავნა | baratis gagzavna |
| receber um cartão postal | ბარათის მიღება | baratis migheba |

brinde (m)	საღეგრძელო	sadghegrdzelo
oferecer (vt)	გამასპინძლება	gamasp'indzleba
champanhe (m)	შამპანური	shamp'anuri

divertir-se (vr)	მხიარულობა	mkhiaruloba
diversão (f)	მხიარულება	mkhiaruleba
alegria (f)	სიხარული	sikharuli

| dança (f) | ცეკვა | tsek'va |
| dançar (vi) | ცეკვა | tsek'va |

| valsa (f) | ვალსი | valsi |
| tango (m) | ტანგო | t'ango |

153. Funerais. Enterro

cemitério (m)	სასაფლაო	sasaplao
sepultura (f), túmulo (m)	სამარე	samare
cruz (f)	ჯვარი	jvari
lápide (f)	საფლავი	saplavi
cerca (f)	ზღუდე	zghude
capela (f)	სამლოცველო	samlotsvelo

morte (f)	სიკვდილი	sik'vdili
morrer (vi)	მოკვდომა	mok'vdoma
defunto (m)	მიცვალებული	mitsvalebuli
luto (m)	გლოვა	glova

enterrar, sepultar (vt)	დაკრძალვა	dak'rdzalva
funerária (f)	დამკრძალავი ბიურო	damk'rdzalavi biuro
funeral (m)	დასაფლავება	dasaplaveba

coroa (f) de flores	გვირგვინი	gvirgvini
caixão (m)	კუბო	k'ubo
carro (m) funerário	კატაფალკი	k'at'apalk'i
mortalha (f)	სუდარა	sudara

| urna (f) funerária | სამარხი ურნა | samarkhi urna |
| crematório (m) | კრემატორიუმი | k'remat'oriumi |

obituário (m), necrologia (f)	ნეკროლოგი	nek'rologi
chorar (vi)	ტირილი	t'irili
soluçar (vi)	ქვითინი	kvitini

154. Guerra. Soldados

pelotão (m)	ოცეული	otseuli
companhia (f)	ასეული	aseuli
regimento (m)	პოლკი	p'olk'i

| exército (m) | არმია | armia |
| divisão (f) | დივიზიონი | divizioni |

| esquadrão (m) | რაზმი | razmi |
| hoste (f) | ჯარი | jari |

| soldado (m) | ჯარისკაცი | jarisk'atsi |
| oficial (m) | ოფიცერი | opitseri |

soldado (m) raso	რიგითი	rigiti
sargento (m)	სერჟანტი	serzhant'i
tenente (m)	ლეიტენანტი	leit'enant'i
capitão (m)	კაპიტანი	k'ap'it'ani
major (m)	მაიორი	maiori

| coronel (m) | პოლკოვნიკი | p'olk'ovnik'i |
| general (m) | გენერალი | generali |

marujo (m)	მეზღვაური	mezghvauri
capitão (m)	კაპიტანი	k'ap'it'ani
contramestre (m)	ბოცმანი	botsmani

artilheiro (m)	არტილერისტი	art'ilerist'i
soldado (m) paraquedista	მედესანტე	medesant'e
piloto (m)	მფრინავი	mprinavi

| navegador (m) | შტურმანი | sht'urmani |
| mecânico (m) | მექანიკოსი | mekanik'osi |

| sapador-mineiro (m) | მესანგრე | mesangre |
| paraquedista (m) | პარაშუტისტი | p'arashut'ist'i |

| explorador (m) | მზვერავი | mzveravi |
| atirador (m) de tocaia | სნაიპერი | snaip'eri |

patrulha (f)	პატრული	p'at'ruli
patrulhar (vt)	პატრულირება	p'at'rulireba
sentinela (f)	გუშაგი	gushagi

| guerreiro (m) | მეომარი | meomari |
| patriota (m) | პატრიოტი | p'at'riot'i |

| herói (m) | გმირი | gmiri |
| heroína (f) | გმირი | gmiri |

traidor (m)	მოღალატე	moghalat'e
desertor (m)	დეზერტირი	dezert'iri
desertar (vt)	დეზერტიროba	dezert'iroba

mercenário (m)	დაქირავებული	dakiravebuli
recruta (m)	ახალწვეული	akhalts'veuli
voluntário (m)	მოხალისე	mokhalise

morto (m)	მოკლული	mok'luli
ferido (m)	დაჭრილი	dach'rili
prisioneiro (m) de guerra	ტყვე	t'qve

155. Guerra. Ações militares. Parte 1

guerra (f)	ომი	omi
guerrear (vt)	ბრძოლა	brdzola
guerra (f) civil	სამოქალაქო ომი	samokalako omi

perfidamente	ვერაგულად	veragulad
declaração (f) de guerra	გამოცხადება	gamotskhadeba
declarar guerra	გამოცხადება	gamotskhadeba
agressão (f)	აგრესია	agresia
atacar (vt)	თავდასხმა	tavdaskhma

invadir (vt)	შეპყრობა	shep'qroba
invasor (m)	დამპყრობელი	damp'qrobeli
conquistador (m)	დამპყრობელი	damp'qrobeli

defesa (f)	თავდაცვა	tavdatsva
defender (vt)	დაცვა	datsva
defender-se (vr)	თავის დაცვა	tavis datsva

inimigo (m)	მტერი	mt'eri
adversário (m)	მოწინააღმდეგე	mots'inaaghmdege
inimigo (adj)	მტრის	mt'ris

estratégia (f)	სტრატეგია	st'rat'egia
tática (f)	ტაქტიკა	t'akt'ik'a

ordem (f)	ბრძანება	brdzaneba
comando (m)	ბრძანება	brdzaneba
ordenar (vt)	ბრძანება	brdzaneba
missão (f)	დავალება	davaleba
secreto (adj)	საიდუმლო	saidumlo

batalha (f), combate (m)	ბრძოლა	brdzola
ataque (m)	შეტევა	shet'eva
assalto (m)	იერიში	ierishi
assaltar (vt)	იერიშის მიტანა	ierishis mit'ana
assédio, sítio (m)	ალყა	alqa

ofensiva (f)	შეტევა იერიში	shet'eva ierishi
tomar à ofensiva	შეტევაზე გადასვლა	shet'evaze gadasvla

retirada (f)	უკუქცევა	uk'uktseva
retirar-se (vr)	უკან დახევა	uk'an dakheva

cerco (m)	ალყა	alqa
cercar (vt)	გარშემორტყმა	garshemort'qma

bombardeio (m)	დაბომბვა	dabombva
lançar uma bomba	ბომბის ჩამოგდება	bombis chamogdeba
bombardear (vt)	ბომბვა	bombva
explosão (f)	აფეთქება	apetkeba

tiro (m)	გასროლა	gasrola
dar um tiro	გასროლა	gasrola

tiroteio (m)	სროლა	srola
apontar para …	დამიზნება	damizneba
apontar (vt)	დამიზნება	damizneba
acertar (vt)	მოარტყა	moart'qa

afundar (~ um navio, etc.)	ჩაძირვა	chadzirva
brecha (f)	ნახვრეტი	nakhvret'i
afundar-se (vr)	ფსკერისკენ წასვლა	psk'erisk'en ts'asvla

frente (m)	ფრონტი	pront'i
evacuação (f)	ევაკუაცია	evak'uatsia
evacuar (vt)	ევაკუირება	evak'uireba

arame (m) enfarpado	ეკლიანი მავთული	ek'liani mavtuli
barreira (f) anti-tanque	გადაღობვა	gadaghobva
torre (f) de vigia	კოშკურა	k'oshk'ura

hospital (m) militar	ჰოსპიტალი	hosp'it'ali
ferir (vt)	დაჭრა	dach'ra
ferida (f)	ჭრილობა	ch'riloba
ferido (m)	დაჭრილი	dach'rili
ficar ferido	ჭრილობის მიღება	ch'rilobis migheba
grave (ferida ~)	მძიმე	mdzime

156. Armas

arma (f)	იარაღი	iaraghi
arma (f) de fogo	ცეცხლსასროლი იარაღი	tsetskhlsasroli iaraghi
arma (f) branca	ცივი იარაღი	tsivi iaraghi

arma (f) química	ქიმიური იარაღი	kimiuri iaraghi
nuclear (adj)	ატომური	at'omuri
arma (f) nuclear	ატომური იარაღი	at'omuri iaraghi

bomba (f)	ბომბი	bombi
bomba (f) atômica	ატომური ბომბი	at'omuri bombi

pistola (f)	პისტოლეტი	p'ist'olet'i
rifle (m)	თოფი	topi
semi-automática (f)	ავტომატი	avt'omat'i
metralhadora (f)	ტყვიამფრქვევი	t'qviamprkvevi

boca (f)	ლულა	lula
cano (m)	ლულა	lula
calibre (m)	კალიბრი	k'alibri

gatilho (m)	ჩახმახი	chakhmakhi
mira (f)	სამიზნე	samizne
carregador (m)	სავაზნე კოლოფი	savazne k'olopi
coronha (f)	კონდახი	k'ondakhi

granada (f) de mão	ყუმბარა	qumbara
explosivo (m)	ასაფეთქებელი	asapetkebeli
bala (f)	ტყვია	t'qvia

cartucho (m)	ვაზნა	vazna
carga (f)	მუხტი	mukht'i
munições (f pl)	საბრძოლო მასალა	sabrdzolo masala

bombardeiro (m)	ბომბდამშენი	bombdamsheni
avião (m) de caça	გამანადგურებელი	gamanadgurebeli
helicóptero (m)	ვერტმფრენი	vert'mpreni

canhão (m) antiaéreo	საზენიტო იარაღი	sazenit'o iaraghi
tanque (m)	ტანკი	t'ank'i
canhão (de um tanque)	ქვემეხი	kvemekhi

artilharia (f)	არტილერია	art'ileria
fazer a pontaria	დამიზნება	damizneba

projétil (m)	ჭურვი	ch'urvi
granada (f) de morteiro	ნაღმი	naghmi
morteiro (m)	ნაღმტყორცნი	naghmt'qortsni
estilhaço (m)	ნამტვრევი	namt'vrevi

submarino (m)	წყალქვეშა ნავი	ts'qalkvesha navi
torpedo (m)	წყალქვეშა ნაღმი	ts'qalkvesha naghmi
míssil (m)	რაკეტა	rak'et'a

carregar (uma arma)	დატენვა	dat'enva
disparar, atirar (vi)	სროლა	srola
apontar para ...	დამიზნება	damizneba
baioneta (f)	ხიშტი	khisht'i

espada (f)	დაშნა	dashna
sabre (m)	ხმალი	khmali
lança (f)	შუბი	shubi
arco (m)	მშვილდი	mshvildi
flecha (f)	ისარი	isari
mosquete (m)	მუშკეტი	mushk'et'i
besta (f)	არბალეტი	arbalet'i

157. Povos da antiguidade

primitivo (adj)	პირველყოფილი	p'irvelqopili
pré-histórico (adj)	წინაისტორიული	ts'inaist'oriuli
antigo (adj)	ძველი	dzveli

Idade (f) da Pedra	ქვის ხანა	kvis khana
Idade (f) do Bronze	ბრინჯაოს ხანა	brinjaos khana
Era (f) do Gelo	გამყინვარების პერიოდი	gamqinvarebis p'eriodi

tribo (f)	ტომი	t'omi
canibal (m)	კაციჭამია	k'atsich'amia
caçador (m)	მონადირე	monadire
caçar (vi)	ნადირობა	nadiroba
mamute (m)	მამონტი	mamont'i
caverna (f)	გამოქვაბული	gamokvabuli
fogo (m)	ცეცხლი	tsetskhli

| fogueira (f) | კოცონი | k'otsoni |
| pintura (f) rupestre | კლდეზე ნახატი | k'ldeze nakhat'i |

ferramenta (f)	შრომის იარაღი	shromis iaraghi
lança (f)	შუბი	shubi
machado (m) de pedra	ქვის ნაჯახი	kvis najakhi
guerrear (vt)	ბრძოლა	brdzola
domesticar (vt)	მოშინაურება	moshinaureba

ídolo (m)	კერპი	k'erp'i
adorar, venerar (vt)	თაყვანისცემა	taqvanistsema
superstição (f)	ცრურწმენა	tsrurts'mena

evolução (f)	ევოლუცია	evolutsia
desenvolvimento (m)	განვითარება	ganvitareba
extinção (f)	გაუჩინარება	gauchinareba
adaptar-se (vr)	შეგუება	shegueba

arqueologia (f)	არქეოლოგია	arkeologia
arqueólogo (m)	არქეოლოგი	arkeologi
arqueológico (adj)	არქეოლოგიური	arkeologiuri

escavação (sítio)	გათხრები	gatkhrebi
escavações (f pl)	გათხრები	gatkhrebi
achado (m)	აღმოჩენა	aghmochena
fragmento (m)	ფრაგმენტი	pragment'i

158. Idade média

povo (m)	ხალხი	khalkhi
povos (m pl)	ხალხები	khalkhebi
tribo (f)	ტომი	t'omi
tribos (f pl)	ტომები	t'omebi

bárbaros (pl)	ბარბაროსები	barbarosebi
galeses (pl)	გალები	galebi
godos (pl)	გოთები	gotebi
eslavos (pl)	სლავები	slavebi
viquingues (pl)	ვიკინგები	vik'ingebi

| romanos (pl) | რომაელები | romaelebi |
| romano (adj) | რომაული | romauli |

bizantinos (pl)	ბიზანტიელები	bizant'ielebi
Bizâncio	ბიზანტია	bizant'ia
bizantino (adj)	ბიზანტიული	bizant'iuli

imperador (m)	იმპერატორი	imp'erat'ori
líder (m)	ბელადი	beladi
poderoso (adj)	ძლევამოსილი	dzlevamosili
rei (m)	მეფე	mepe
governante (m)	მართველი	martveli
cavaleiro (m)	რაინდი	raindi
senhor feudal (m)	ფეოდალი	peodali

| feudal (adj) | ფეოდალური | peodaluri |
| vassalo (m) | ვასალი | vasali |

duque (m)	ჰერცოგი	hertsogi
conde (m)	გრაფი	grapi
barão (m)	ბარონი	baroni
bispo (m)	ეპისკოპოსი	ep'isk'op'osi

armadura (f)	ჯავშანი	javshani
escudo (m)	ფარი	pari
espada (f)	მახვილი	makhvili
viseira (f)	ჩაფხუტი	chapkhut'i
cota (f) de malha	ჯაჭვის პერანგი	jach'vis p'erangi

| cruzada (f) | ჯვაროსნული ლაშქრობა | jvarosnuli lashkroba |
| cruzado (m) | ჯვაროსანი | jvarosani |

território (m)	ტერიტორია	t'erit'oria
atacar (vt)	თავდასხმა	tavdaskhma
conquistar (vt)	დაპყრობა	dap'qroba
ocupar, invadir (vt)	მიტაცება	mit'atseba

assédio, sítio (m)	ალყა	alqa
sitiado (adj)	ალყაშემორტყმული	alqashemort'qmuli
assediar, sitiar (vt)	ალყის შემორტყმა	alqis shemort'qma

inquisição (f)	ინკვიზიცია	ink'vizitsia
inquisidor (m)	ინკვიზიტორი	ink'vizit'ori
tortura (f)	წამება	ts'ameba
cruel (adj)	სასტიკი	sast'ik'i
herege (m)	ერეტიკოსი	eret'ik'osi
heresia (f)	მწვალებლობა	mts'valebloba

navegação (f) marítima	ზღვაოსნობა	zghvaosnoba
pirata (m)	მეკობრე	mek'obre
pirataria (f)	მეკობრეობა	mek'obreoba
abordagem (f)	აბორდაჟი	abordazhi
presa (f), butim (m)	საშოვარი	sashovari
tesouros (m pl)	განძი	gandzi

descobrimento (m)	აღმოჩენა	aghmochena
descobrir (novas terras)	გაღება	gagheba
expedição (f)	ექსპედიცია	eksp'editsia

mosqueteiro (m)	მუშკეტერი	mushk'et'eri
cardeal (m)	კარდინალი	k'ardinali
heráldica (f)	ჰერალდიკა	heraldik'a
heráldico (adj)	ჰერალდიკური	heraldik'uri

159. Líder. Chefe. Autoridades

rei (m)	მეფე	mepe
rainha (f)	დედოფალი	dedopali
real (adj)	მეფური	mepuri

reino (m)	სამეფო	samepo
príncipe (m)	პრინცი	p'rintsi
princesa (f)	პრინცესა	p'rintsesa

presidente (m)	პრეზიდენტი	p'rezident'i
vice-presidente (m)	ვიცე-პრეზიდენტი	vitse-p'rezident'i
senador (m)	სენატორი	senat'ori

monarca (m)	მონარქი	monarki
governante (m)	მართველი	martveli
ditador (m)	დიქტატორი	dikt'at'ori
tirano (m)	ტირანი	t'irani
magnata (m)	მაგნატი	magnat'i

diretor (m)	დირექტორი	direkt'ori
chefe (m)	შეფი	shepi
gerente (m)	მმართველი	mmartveli
patrão (m)	ბოსი	bosi
dono (m)	მეპატრონე	mep'at'rone

chefe (m)	მეთაური	metauri
autoridades (f pl)	ხელისუფლება	khelisupleba
superiores (m pl)	უფროსობა	uprosoba

governador (m)	გუბერნატორი	gubernat'ori
cônsul (m)	კონსული	k'onsuli
diplomata (m)	დიპლომატი	dip'lomat'i
Presidente (m) da Câmara	მერი	meri
xerife (m)	შერიფი	sheripi

imperador (m)	იმპერატორი	imp'erat'ori
czar (m)	მეფე	mepe
faraó (m)	ფარაონი	paraoni
cã, khan (m)	ხანი	khani

160. Violação da lei. Criminosos. Parte 1

bandido (m)	ბანდიტი	bandit'i
crime (m)	დანაშაული	danashauli
criminoso (m)	დამნაშავე	damnashave

ladrão (m)	ქურდი	kurdi
roubar (vt)	იქურდო	ikurdo
roubo (atividade)	ქურდობა	kurdoba
furto (m)	მოპარვა	mop'arva

raptar, sequestrar (vt)	მოიტაცო	moit'atso
sequestro (m)	გატაცება	gat'atseba
sequestrador (m)	გამტაცებელი	gamt'atsebeli

resgate (m)	გამოსასყიდი	gamosasqidi
pedir resgate	გამოსასყიდის მოთხოვნა	gamosasqidis motkhovna
roubar (vt)	ძარცვა	dzartsva
assaltante (m)	მძარცველი	mdzartsveli

extorquir (vt)	გამოძალვა	gamodzalva
extorsionário (m)	გამომძალველი	gamomdzalveli
extorsão (f)	გამომძალველობა	gamomdzalveloba

matar, assassinar (vt)	მოკვლა	mok'vla
homicídio (m)	მკვლელობა	mk'vleloba
homicida, assassino (m)	მკვლელი	mk'vleli

tiro (m)	სროლა	srola
dar um tiro	გასროლა	gasrola
matar a tiro	დახვრეტა	dakhvret'a
disparar, atirar (vi)	სროლა	srola
tiroteio (m)	სროლა	srola

incidente (m)	შემთხვევა	shemtkhveva
briga (~ de rua)	ჩხუბი	chkhubi
vítima (f)	მსხვერპლი	mskhverp'li

danificar (vt)	დაზიანება	dazianeba
dano (m)	ზარალი	zarali
cadáver (m)	გვამი	gvami
grave (adj)	მძიმე	mdzime

atacar (vt)	თავდასხმა	tavdaskhma
bater (espancar)	დარტყმა	dart'qma
espancar (vt)	ცემა	tsema
tirar, roubar (dinheiro)	წართმევა	ts'artmeva
esfaquear (vt)	დაკვლა	dak'vla
mutilar (vt)	დამახინჯება	damakhinjeba
ferir (vt)	დაჭრა	dach'ra

chantagem (f)	შანტაჟი	shant'azhi
chantagear (vt)	დაშანტაჟება	dashant'azheba
chantagista (m)	შანტაჟისტი	shant'azhist'i

extorsão (f)	რეკეტი	rek'et'i
extorsionário (m)	რეკეტირი	rek'et'iri
gângster (m)	განგსტერი	gankst'eri
máfia (f)	მაფია	mapia

punguista (m)	ჯიბის ქურდი	jibis kurdi
assaltante, ladrão (m)	გამტეხელი	gamt'ekheli
contrabando (m)	კონტრაბანდა	k'ont'rabanda
contrabandista (m)	კონტრაბანდისტი	k'ont'rabandist'i

falsificação (f)	ყალბი	qalbi
falsificar (vt)	გაყალბება	gaqalbeba
falsificado (adj)	ყალბი	qalbi

161. Violação da lei. Criminosos. Parte 2

estupro (m)	გაუპატიურება	gaup'at'iureba
estuprar (vt)	გაუპატიურება	gaup'at'iureba
estuprador (m)	მომძალადე	modzalade

maníaco (m)	მანიაკი	maniak'i
prostituta (f)	მეძავი	medzavi
prostituição (f)	პროსტიტუცია	p'rost'it'utsia
cafetão (m)	სუტენიორი	sut'eniori
drogado (m)	ნარკომანი	nark'omani
traficante (m)	ნარკოტიკებით მოვაჭრე	nark'ot'ik'ebit movach're
explodir (vt)	აფეთქება	apetkeba
explosão (f)	აფეთქება	apetkeba
incendiar (vt)	ცეცხლის წაკიდება	tsetskhlis ts'ak'ideba
incendiário (m)	ცეცხლის წამკიდებელი	tsetskhlis ts'amk'idebeli
terrorismo (m)	ტერორიზმი	t'erorizmi
terrorista (m)	ტერორისტი	t'erorist'i
refém (m)	მძევალი	mdzevali
enganar (vt)	მოტყუება	mot'queba
engano (m)	ტყუილი	t'quili
vigarista (m)	თაღლითი	taghliti
subornar (vt)	გადაბირება	gadabireba
suborno (atividade)	მოსყიდვა	mosqidva
suborno (dinheiro)	ქრთამი	krtami
veneno (m)	შხამი	shkhami
envenenar (vt)	მოწამვლა	mots'amvla
envenenar-se (vr)	თავის მოწამვლა	tavis mots'amvla
suicídio (m)	თვითმკვლელობა	tvitmk'leloba
suicida (m)	თვითმკვლელი	tvitmk'vleli
ameaçar (vt)	დამუქრება	damukreba
ameaça (f)	მუქარა	mukara
atentar contra a vida de …	ხელყოფა	khelqopa
atentado (m)	ხელყოფა	khelqopa
roubar (um carro)	გატაცება	gat'atseba
sequestrar (um avião)	გატაცება	gat'atseba
vingança (f)	შურისძიება	shurisdzieba
vingar (vt)	შურისძიება	shurisdzieba
torturar (vt)	წამება	ts'ameba
tortura (f)	წამება	ts'ameba
atormentar (vt)	წვალება	ts'valeba
pirata (m)	მეკობრე	mek'obre
desordeiro (m)	ხულიგანი	khuligani
armado (adj)	შეიარაღებული	sheiaraghebuli
violência (f)	ძალადობა	dzaladoba
espionagem (f)	შპიონაჟი	shp'ionazhi
espionar (vi)	ჯაშუშობა	jashushoba

162. Polícia. Lei. Parte 1

justiça (sistema de ~)	სასამართლო	sasamartlo
tribunal (m)	სასამართლო	sasamartlo

juiz (m)	მოსამართლე	mosamartle
jurados (m pl)	ნაფიცი მსაჯული	napitsi msajuli
tribunal (m) do júri	ნაფიც მსაჯულთა სასამართლო	napits msajulta sasamartlo
julgar (vt)	გასამართლება	gasamartleba

advogado (m)	ადვოკატი	advok'at'i
réu (m)	ბრალდებული	braldebuli
banco (m) dos réus	ბრალდებულთა სკამი	braldebulta sk'ami

acusação (f)	ბრალდება	braldeba
acusado (m)	ბრალდებული	braldebuli

sentença (f)	განაჩენი	ganacheni
sentenciar (vt)	განაჩენის გამოტანა	ganachenis gamot'ana

culpado (m)	დამნაშავე	damnashave
punir (vt)	დასჯა	dasja
punição (f)	სასჯელი	sasjeli

multa (f)	ჯარიმა	jarima
prisão (f) perpétua	სამუდამო პატიმრობა	samudamo p'at'imroba
pena (f) de morte	სიკვდილით დასჯა	sik'vdilit dasja
cadeira (f) elétrica	ელექტრო სკამი	elekt'ro sk'ami
forca (f)	სახრჩობელა	sakhrchobela

executar (vt)	დასჯა	dasja
execução (f)	სასჯელი	sasjeli

prisão (f)	ციხე	tsikhe
cela (f) de prisão	საკანი	sak'ani

escolta (f)	ბადრაგი	badragi
guarda (m) prisional	ზედამხედველი	zedamkhedveli
preso, prisioneiro (m)	პატიმარი	p'at'imari

algemas (f pl)	ხელბორკილები	khelbork'ilebi
algemar (vt)	ხელბორკილის დადება	khelbork'ilis dadeba

fuga, evasão (f)	გაქცევა	gaktseva
fugir (vi)	გაქცევა	gaktseva
desaparecer (vi)	გაუჩინარება	gauchinareba
soltar, libertar (vt)	განთავისუფლება	gantavisupleba
anistia (f)	ამნისტია	aminist'ia

polícia (instituição)	პოლიცია	p'olitsia
polícia (m)	პოლიციელი	p'olitsieli
delegacia (f) de polícia	პოლიციის უბანი	p'olitsiis ubani
cassetete (m)	რეზინის ხელკეტი	rezinis khelk'et'i
megafone (m)	ხმადიდი	khmadidi

carro (m) de patrulha	საპატრულო მანქანა	sap'at'rulo mankana
sirene (f)	სირენა	sirena
ligar a sirene	საყვირის ჩართვა	saqviris chartva
toque (m) da sirene	საყვირის ხმა	saqviris khma
cena (f) do crime	შემთხვევის ადგილი	shemtkhvevis adgili
testemunha (f)	მოწმე	mots'me
liberdade (f)	თავისუფლება	tavisupleba
cúmplice (m)	თანამზრახველი	tanamzrakhveli
escapar (vi)	მიმალვა	mimalva
traço (não deixar ~s)	კვალი	k'vali

163. Polícia. Lei. Parte 2

procura (f)	ძებნა	dzebna
procurar (vt)	ძებნა	dzebna
suspeita (f)	ეჭვი	ech'vi
suspeito (adj)	საეჭვო	saech'vo
parar (veículo, etc.)	გაჩერება	gachereba
deter (fazer parar)	დაკავება	dak'aveba
caso (~ criminal)	საქმე	sakme
investigação (f)	ძიება	dzieba
detetive (m)	დეტექტივი	det'ekt'ivi
investigador (m)	გამომძიებელი	gamomdziebeli
versão (f)	ვერსია	versia
motivo (m)	მოტივი	mot'ivi
interrogatório (m)	დაკითხვა	dak'itkhva
interrogar (vt)	დაკითხვა	dak'itkhva
questionar (vt)	გამოკითხვა	gamok'itkhva
verificação (f)	შემოწმება	shemots'meba
batida (f) policial	ალყა	alqa
busca (f)	ჩხრეკა	chkhrek'a
perseguição (f)	დადევნება	dadevneba
perseguir (vt)	დევნა	devna
seguir, rastrear (vt)	თვალთვალი	tvaltvali
prisão (f)	პატიმრობა	p'at'imroba
prender (vt)	დაპატიმრება	dap'at'imreba
pegar, capturar (vt)	დაკავება	dak'aveba
captura (f)	დაჭერა	dach'era
documento (m)	დოკუმენტი	dok'ument'i
prova (f)	მტკიცებულება	mt'k'itsebuleba
provar (vt)	დამტკიცება	damt'k'itseba
pegada (f)	ნაფეხური	napekhuri
impressões (f pl) digitais	თითის ანაბეჭდი	titis anabech'di
prova (f)	სამხილი	samkhili
álibi (m)	ალიბი	alibi
inocente (adj)	უდანაშაულო	udanashaulo
injustiça (f)	უსამართლობა	usamartloba

injusto (adj)	უსამართლობა	usamartloba
criminal (adj)	კრიმინალური	k'riminaluri
confiscar (vt)	კონფისკაცია	k'onpisk'atsia
droga (f)	ნარკოტიკი	nark'ot'ik'i
arma (f)	იარაღი	iaraghi
desarmar (vt)	განიარაღება	ganiaragheba
ordenar (vt)	ბრძანება	brdzaneba
desaparecer (vi)	გაუჩინარება	gauchinareba
lei (f)	კანონი	k'anoni
legal (adj)	კანონიერი	k'anonieri
ilegal (adj)	უკანონო	uk'anono
responsabilidade (f)	პასუხისმგებლობა	p'asukhismgebloba
responsável (adj)	პასუხისმგებელი	p'asukhismgebeli

NATUREZA

A Terra. Parte 1

164. Espaço sideral

espaço, cosmo (m)	კოსმოსი	k'osmosi
espacial, cósmico (adj)	კოსმოსური	k'osmosuri
espaço (m) cósmico	კოსმოსური სივრცე	k'osmosuri sivrtse
mundo (m)	მსოფლიო	msoplio
universo (m)	სამყარო	samqaro
galáxia (f)	გალაქტიკა	galakt'ik'a
estrela (f)	ვარსკვლავი	varsk'vlavi
constelação (f)	თანავარსკვლავედი	tanavarsk'vlavedi
planeta (m)	პლანეტა	p'lanet'a
satélite (m)	თანამგზავრი	tanamgzavri
meteorito (m)	მეტეორიტი	met'eorit'i
cometa (m)	კომეტა	k'omet'a
asteroide (m)	ასტეროიდი	ast'eroidi
órbita (f)	ორბიტა	orbit'a
girar (vi)	ბრუნვა	brunva
atmosfera (f)	ატმოსფერო	at'mospero
Sol (m)	მზე	mze
Sistema (m) Solar	მზის სისტემა	mzis sist'ema
eclipse (m) solar	მზის დაბნელება	mzis dabneleba
Terra (f)	დედამიწა	dedamits'a
Lua (f)	მთვარე	mtvare
Marte (m)	მარსი	marsi
Vênus (f)	ვენერა	venera
Júpiter (m)	იუპიტერი	iup'it'eri
Saturno (m)	სატურნი	sat'urni
Mercúrio (m)	მერკური	merk'uri
Urano (m)	ურანი	urani
Netuno (m)	ნეპტუნი	nep't'uni
Plutão (m)	პლუტონი	p'lut'oni
Via Láctea (f)	ირმის ნახტომი	irmis nakht'omi
Ursa Maior (f)	დიდი დათვი	didi datvi
Estrela Polar (f)	პოლარული ვარსკვლავი	p'olaruli varsk'vlavi
marciano (m)	მარსიელი	marsieli
extraterrestre (m)	უცხოპლანეტელი	utskhop'lanet'eli

alienígena (m)	სხვა სამყაროდან ჩამოსული	skhva samqarodan chamosuli
disco (m) voador	მფრინავი თეფში	mprinavi tepshi
espaçonave (f)	კოსმოსური ხომალდი	k'osmosuri khomaldi
estação (f) orbital	ორბიტალური სადგური	orbit'aluri sadguri
lançamento (m)	სტარტი	st'art'i
motor (m)	ძრავა	dzrava
bocal (m)	საქშენი	saksheni
combustível (m)	საწვავი	sats'vavi
cabine (f)	კაბინა	k'abina
antena (f)	ანტენა	ant'ena
vigia (f)	ილუმინატორი	iluminat'ori
bateria (f) solar	მზის ბატარეა	mzis bat'area
traje (m) espacial	სკაფანდრი	sk'apandri
imponderabilidade (f)	უწონადობა	uts'onadoba
oxigênio (m)	ჟანგბადი	zhangbadi
acoplagem (f)	შეერთება	sheerteba
fazer uma acoplagem	შეერთების წარმოება	sheertebis ts'armoeba
observatório (m)	ობსერვატორია	observat'oria
telescópio (m)	ტელესკოპი	t'elesk'op'i
observar (vt)	დაკვირვება	dak'virveba
explorar (vt)	გამოკვლევა	gamok'vleva

165. A Terra

Terra (f)	დედამიწა	dedamits'a
globo terrestre (Terra)	დედამიწის სფერო	dedamits'is spero
planeta (m)	პლანეტა	p'lanet'a
atmosfera (f)	ატმოსფერო	at'mospero
geografia (f)	გეოგრაფია	geograpia
natureza (f)	ბუნება	buneba
globo (mapa esférico)	გლობუსი	globusi
mapa (m)	რუკა	ruka
atlas (m)	ატლასი	at'lasi
Europa (f)	ევროპა	evrop'a
Ásia (f)	აზია	azia
África (f)	აფრიკა	aprik'a
Austrália (f)	ავსტრალია	avst'ralia
América (f)	ამერიკა	amerik'a
América (f) do Norte	ჩრდილოეთ ამერიკა	chrdiloet amerik'a
América (f) do Sul	სამხრეთ ამერიკა	samkhret amerik'a
Antártida (f)	ანტარქტიდა	ant'arkt'ida
Ártico (m)	არქტიკა	arkt'ik'a

166. Pontos cardeais

norte (m)	ჩრდილოეთი	chrdiloeti
para norte	ჩრდილოეთისკენ	chrdiloetisk'en
no norte	ჩრდილოეთში	chrdiloetshi
do norte (adj)	ჩრდილოეთის	chrdiloetis
sul (m)	სამხრეთი	samkhreti
para sul	სამხრეთისკენ	samkhretisk'en
no sul	სამხრეთში	samkhretshi
do sul (adj)	სამხრეთის	samkhretis
oeste, ocidente (m)	დასავლეთი	dasavleti
para oeste	დასავლეთისკენ	dasavletisk'en
no oeste	დასავლეთში	dasavletshi
ocidental (adj)	დასავლეთის	dasavletis
leste, oriente (m)	აღმოსავლეთი	aghmosavleti
para leste	აღმოსავლეთისკენ	aghmosavletisk'en
no leste	აღმოსავლეთში	aghmosavletshi
oriental (adj)	აღმოსავლეთის	aghmosavletis

167. Mar. Oceano

mar (m)	ზღვა	zghva
oceano (m)	ოკეანე	ok'eane
golfo (m)	ყურე	qure
estreito (m)	სრუტე	srut'e
continente (m)	მატერიკი	mat'erik'i
ilha (f)	კუნძული	k'undzuli
península (f)	ნახევარკუნძული	nakhevark'undzuli
arquipélago (m)	არქიპელაგი	arkip'elagi
baía (f)	ყურე	qure
porto (m)	ნავსადგური	navsadguri
lagoa (f)	ლაგუნა	laguna
cabo (m)	კონცხი	k'ontskhi
atol (m)	ატოლი	at'oli
recife (m)	რიფი	ripi
coral (m)	მარჯანი	marjani
recife (m) de coral	მარჯნის რიფი	marjnis ripi
profundo (adj)	ღრმა	ghrma
profundidade (f)	სიღრმე	sighrme
abismo (m)	უფსკრული	upsk'ruli
fossa (f) oceânica	ღრმული	ghrmuli
corrente (f)	დინება	dineba
banhar (vt)	გაბანა	gabana
litoral (m)	ნაპირი	nap'iri
costa (f)	სანაპირო	sanap'iro

maré (f) alta	მოქცევა	moktseva
refluxo (m)	მიქცევა	miktseva
restinga (f)	მეჩეჩი	mechechi
fundo (m)	ფსკერი	psk'eri
onda (f)	ტალღა	t'algha
crista (f) da onda	ტალღის ქოჩორი	t'alghis kochori
espuma (f)	ქაფი	kapi
tempestade (f)	ქარიშხალი	karishkhali
furacão (m)	გრიგალი	grigali
tsunami (m)	ცუნამი	tsunami
calmaria (f)	მყუდროება	mqudroeba
calmo (adj)	წყნარი	ts'qnari
polo (m)	პოლუსი	p'olusi
polar (adj)	პოლარული	p'olaruli
latitude (f)	განედი	ganedi
longitude (f)	გრძედი	grdzedi
paralela (f)	პარალელი	p'araleli
equador (m)	ეკვატორი	ek'vat'ori
céu (m)	ცა	tsa
horizonte (m)	ჰორიზონტი	horizont'i
ar (m)	ჰაერი	haeri
farol (m)	შუქურა	shukura
mergulhar (vi)	ყვინთვა	qvintva
afundar-se (vr)	ჩაძირვა	chadzirva
tesouros (m pl)	განძი	gandzi

168. Montanhas

montanha (f)	მთა	mta
cordilheira (f)	მთების ჯაჭვი	mtebis jach'vi
serra (f)	მთის ქედი	mtis kedi
cume (m)	მწვერვალი	mts'vervali
pico (m)	პიკი	p'ik'i
pé (m)	მთის ძირი	mtis dziri
declive (m)	ფერდობი	perdobi
vulcão (m)	ვულკანი	vulk'ani
vulcão (m) ativo	მოქმედი ვულკანი	mokmedi vulk'ani
vulcão (m) extinto	ჩამქრალი ვულკანი	chamkrali vulk'ani
erupção (f)	ამოფრქვევა	amoprkveva
cratera (f)	კრატერი	k'rat'eri
magma (m)	მაგმა	magma
lava (f)	ლავა	lava
fundido (lava ~a)	გავარვარებული	gavarvarebuli
cânion, desfiladeiro (m)	კანიონი	k'anioni
garganta (f)	ხეობა	kheoba

fenda (f)	ნაპრალი	nap'rali
passo, colo (m)	უღელტეხილი	ughelt'ekhili
planalto (m)	პლატო	p'lat'o
falésia (f)	კლდე	k'lde
colina (f)	ბორცვი	bortsvi
geleira (f)	მყინვარი	mqinvari
cachoeira (f)	ჩანჩქერი	chanchkeri
gêiser (m)	გეიზერი	geizeri
lago (m)	ტბა	t'ba
planície (f)	ვაკე	vak'e
paisagem (f)	პეიზაჟი	p'eizazhi
eco (m)	ექო	eko
alpinista (m)	ალპინისტი	alp'inist'i
escalador (m)	მთასვლელი	mtasvleli
conquistar (vt)	დაპყრობა	dap'qroba
subida, escalada (f)	ასვლა	asvla

169. Rios

rio (m)	მდინარე	mdinare
fonte, nascente (f)	წყარო	ts'qaro
leito (m) de rio	კალაპოტი	k'alap'ot'i
bacia (f)	აუზი	auzi
desaguar no ...	ჩადინება	chadineba
afluente (m)	შენაკადი	shenak'adi
margem (do rio)	ნაპირი	nap'iri
corrente (f)	დინება	dineba
rio abaixo	დინების ქვემოთ	dinebis kvemot
rio acima	დინების ზემოთ	dinebis zemot
inundação (f)	წყალდიდობა	ts'qaldidoba
cheia (f)	წყალდიდობა	ts'qaldidoba
transbordar (vi)	გადმოსვლა	gadmosvla
inundar (vt)	დატბორვა	dat'borva
banco (m) de areia	თავთხელი	tavtkheli
corredeira (f)	ზღურბლი	zghurbli
barragem (f)	კაშხალი	k'ashkhali
canal (m)	არხი	arkhi
reservatório (m) de água	წყალსაცავი	ts'qalsatsavi
eclusa (f)	რაბი	rabi
corpo (m) de água	წყალსატევი	ts'qalsat'evi
pântano (m)	ჭაობი	ch'aobi
lamaçal (m)	ჭანჭრობი	ch'anch'robi
redemoinho (m)	მორევი	morevi
riacho (m)	ნაკადული	nak'aduli
potável (adj)	სასმელი	sasmeli

doce (água)	მტკნარი	mt'k'nari
gelo (m)	ყინული	qinuli
congelar-se (vr)	გაყინვა	gaqinva

170. Floresta

| floresta (f), bosque (m) | ტყე | t'qe |
| florestal (adj) | ტყის | t'qis |

mata (f) fechada	ტევრი	t'evri
arvoredo (m)	ჭალა	ch'ala
clareira (f)	მინდორი	mindori

| matagal (m) | ბარდები | bardebi |
| mato (m), caatinga (f) | ბუჩქნარი | buchknari |

| pequena trilha (f) | ბილიკი | bilik'i |
| ravina (f) | ხევი | khevi |

árvore (f)	ხე	khe
folha (f)	ფოთოლი	potoli
folhagem (f)	ფოთლეული	potleuli

queda (f) das folhas	ფოთოლცვენა	potoltsvena
cair (vi)	ცვენა	tsvena
topo (m)	კენწერო	k'ents'ero

ramo (m)	ტოტი	t'ot'i
galho (m)	ნუჟრი	nuzhri
botão (m)	კვირტი	k'virt'i
agulha (f)	წიწვი	ts'its'vi
pinha (f)	გირჩი	girchi

buraco (m) de árvore	ფუღურო	pughuro
ninho (m)	ბუდე	bude
toca (f)	სორო	soro

tronco (m)	ტანი	t'ani
raiz (f)	ფესვი	pesvi
casca (f) de árvore	ქერქი	kerki
musgo (m)	ხავსი	khavsi

arrancar pela raiz	ამოძირკვა	amodzirk'va
cortar (vt)	მოჭრა	moch'ra
desflorestar (vt)	გაჩეხვა	gachekhva
toco, cepo (m)	კუნძი	k'undzi

fogueira (f)	კოცონი	k'otsoni
incêndio (m) florestal	ხანძარი	khandzari
apagar (vt)	ჩაქრობა	chakroba

guarda-parque (m)	მეტყევე	met'qeve
proteção (f)	დაცვა	datsva
proteger (a natureza)	დაცვა	datsva

| caçador (m) furtivo | ბრაკონიერი | brak'onieri |
| armadilha (f) | ხაფანგი | khapangi |

| colher (cogumelos, bagas) | კრეფა | k'repa |
| perder-se (vr) | გზის დაბნევა | gzis dabneva |

171. Recursos naturais

recursos (m pl) naturais	ბუნებრივი რესურსები	bunebrivi resursebi
minerais (m pl)	სასარგებლო წიაღისეული	sasargeblo ts'iaghiseuli
depósitos (m pl)	საბადო	sabado
jazida (f)	საბადო	sabado

extrair (vt)	მოპოვება	mop'oveba
extração (f)	მოპოვება	mop'oveba
minério (m)	მადანი	madani
mina (f)	მადნეული	madneuli
poço (m) de mina	შახტი	shakht'i
mineiro (m)	მეშახტე	meshakht'e

| gás (m) | გაზი | gazi |
| gasoduto (m) | გაზსადენი | gazsadeni |

petróleo (m)	ნავთობი	navtobi
oleoduto (m)	ნავთობსადენი	navtobsadeni
poço (m) de petróleo	ნავთობის კოშკურა	navtobis k'oshk'ura
torre (f) petrolífera	საბურღი კოშკურა	saburghi k'oshk'ura
petroleiro (m)	ტანკერი	t'ank'eri

areia (f)	ქვიშა	kvisha
calcário (m)	კირქვა	k'irkva
cascalho (m)	ხრეში	khreshi
turfa (f)	ტორფი	t'orpi
argila (f)	თიხა	tikha
carvão (m)	ქვანახშირი	kvanakhshiri

ferro (m)	რკინა	rk'ina
ouro (m)	ოქრო	okro
prata (f)	ვერცხლი	vertskhli
níquel (m)	ნიკელი	nik'eli
cobre (m)	სპილენძი	sp'ilendzi

zinco (m)	თუთია	tutia
manganês (m)	მარგანეცი	marganetsi
mercúrio (m)	ვერცხლისწყალი	vertskhlists'qali
chumbo (m)	ტყვია	t'qvia

mineral (m)	მინერალი	minerali
cristal (m)	კრისტალი	k'rist'ali
mármore (m)	მარმარილო	marmarilo
urânio (m)	ურანი	urani

A Terra. Parte 2

172. Tempo

tempo (m)	ამინდი	amindi
previsão (f) do tempo	ამინდის პროგნოზი	amindis p'rognozi
temperatura (f)	ტემპერატურა	t'emp'erat'ura
termômetro (m)	თერმომეტრი	termomet'ri
barômetro (m)	ბარომეტრი	baromet'ri
umidade (f)	ტენიანობა	t'enianoba
calor (m)	სიცხე	sitskhe
tórrido (adj)	ცხელი	tskheli
está muito calor	ცხელი	tskheli
está calor	თბილა	tbila
quente (morno)	თბილი	tbili
está frio	სიცივე	sitsive
frio (adj)	ცივი	tsivi
sol (m)	მზე	mze
brilhar (vi)	ანათებს	anatebs
de sol, ensolarado	მზიანი	mziani
nascer (vi)	ამოსვლა	amosvla
pôr-se (vr)	ჩასვლა	chasvla
nuvem (f)	ღრუბელი	ghrubeli
nublado (adj)	ღრუბლიანი	ghrubliani
nuvem (f) preta	ღრუბელი	ghrubeli
escuro, cinzento (adj)	მოღრუბლული	moghrubluli
chuva (f)	წვიმა	ts'vima
está a chover	წვიმა მოდის	ts'vima modis
chuvoso (adj)	წვიმიანი	ts'vimiani
chuviscar (vi)	ჟინჟღვლა	zhinzhghvla
chuva (f) torrencial	კოკისპირული	k'ok'isp'iruli
aguaceiro (m)	თავსხმა	tavskhma
forte (chuva, etc.)	ძლიერი	dzlieri
poça (f)	გუბე	gube
molhar-se (vr)	დასველება	dasveleba
nevoeiro (m)	ნისლი	nisli
de nevoeiro	ნისლიანი	nisliani
neve (f)	თოვლი	tovli
está nevando	თოვლი მოდის	tovli modis

173. Tempo extremo. Catástrofes naturais

trovoada (f)	ჭექა	ch'eka
relâmpago (m)	მეხი	mekhi
relampejar (vi)	ელვარება	elvareba
trovão (m)	ქუხილი	kukhili
trovejar (vi)	ქუხილი	kukhili
está trovejando	ქუხს	kukhs
granizo (m)	სეტყვა	set'qva
está caindo granizo	სეტყვა მოდის	set'qva modis
inundar (vt)	წალეკვა	ts'alek'va
inundação (f)	წყალდიდობა	ts'qaldidoba
terremoto (m)	მიწისძვრა	mits'isdzvra
abalo, tremor (m)	ბიძგი	bidzgi
epicentro (m)	ეპიცენტრი	ep'itsent'ri
erupção (f)	ამოფრქვევა	amoprkveva
lava (f)	ლავა	lava
tornado (m)	გრიგალი	grigali
tornado (m)	ტორნადო	t'ornado
tufão (m)	ტაიფუნი	t'aipuni
furacão (m)	გრიგალი	grigali
tempestade (f)	ქარიშხალი	karishkhali
tsunami (m)	ცუნამი	tsunami
ciclone (m)	ციკლონი	tsik'loni
mau tempo (m)	უამინდობა	uamindoba
incêndio (m)	ხანძარი	khandzari
catástrofe (f)	კატასტროფა	k'at'ast'ropa
meteorito (m)	მეტეორიტი	met'eorit'i
avalanche (f)	ზვავი	zvavi
deslizamento (m) de neve	ჩამოქცევა	chamoktseva
nevasca (f)	ქარბუქი	karbuki
tempestade (f) de neve	ბუქი	buki

Fauna

174. Mamíferos. Predadores

predador (m)	მტაცებელი	mt'atsebeli
tigre (m)	ვეფხვი	vepkhvi
leão (m)	ლომი	lomi
lobo (m)	მგელი	mgeli
raposa (f)	მელა	mela
jaguar (m)	იაგუარი	iaguari
leopardo (m)	ლეოპარდი	leop'ardi
chita (f)	გეპარდი	gep'ardi
pantera (f)	ავაზა	avaza
puma (m)	პუმა	p'uma
leopardo-das-neves (m)	თოვლის ჯიქი	tovlis jiki
lince (m)	ფოცხვერი	potskhveri
coiote (m)	კოიოტი	k'oiot'i
chacal (m)	ტურა	t'ura
hiena (f)	გიენა	giena

175. Animais selvagens

animal (m)	ცხოველი	tskhoveli
besta (f)	მხეცი	mkhetsi
esquilo (m)	ციყვი	tsiqvi
ouriço (m)	ზღარბი	zgharbi
lebre (f)	კურდღელი	k'urdgheli
coelho (m)	ბოცვერი	botsveri
texugo (m)	მაჩვი	machvi
guaxinim (m)	ენოტი	enot'i
hamster (m)	ზაზუნა	zazuna
marmota (f)	ზაზუნა	zazuna
toupeira (f)	თხუნელა	tkhunela
rato (m)	თაგვი	tagvi
ratazana (f)	ვირთხა	virtkha
morcego (m)	ღამურა	ghamura
arminho (m)	ყარყუმი	qarqumi
zibelina (f)	სიასამური	siasamuri
marta (f)	კვერნა	k'verna
doninha (f)	სინდიოფალა	sindiopala
visom (m)	წაულა	ts'aula

castor (m)	თახვი	takhvi
lontra (f)	წავი	ts'avi
cavalo (m)	ცხენი	tskheni
alce (m)	ცხენ-ირემი	tskhen-iremi
veado (m)	ირემი	iremi
camelo (m)	აქლემი	aklemi
bisão (m)	ბიზონი	bizoni
auroque (m)	დომბა	domba
búfalo (m)	კამეჩი	k'amechi
zebra (f)	ზებრა	zebra
antílope (m)	ანტილოპა	ant'ilop'a
corça (f)	შველი	shveli
gamo (m)	ფურ-ირემი	pur-iremi
camurça (f)	ქურციკი	kurtsik'i
javali (m)	ტახი	t'akhi
baleia (f)	ვეშაპი	veshap'i
foca (f)	სელაპი	selap'i
morsa (f)	ლომვეშაპი	lomveshap'i
urso-marinho (m)	ზღვის კატა	zghvis k'at'a
golfinho (m)	დელფინი	delpini
urso (m)	დათვი	datvi
urso (m) polar	თეთრი დათვი	tetri datvi
panda (m)	პანდა	p'anda
macaco (m)	მაიმუნი	maimuni
chimpanzé (m)	შიმპანზე	shimp'anze
orangotango (m)	ორანგუტანი	orangut'ani
gorila (f)	გორილა	gorila
macaco (m)	მაკაკა	mak'ak'a
gibão (m)	გიბონი	giboni
elefante (m)	სპილო	sp'ilo
rinoceronte (m)	მარტორქა	mart'orka
girafa (f)	ჟირაფი	zhirapi
hipopótamo (m)	ბეჰემოთი	behemoti
canguru (m)	კენგურუ	k'enguru
coala (m)	კოალა	k'oala
mangusto (m)	მანგუსტი	mangust'i
chinchila (f)	შინშილა	shinshila
cangambá (f)	თრითინა	tritina
porco-espinho (m)	მაჩვზღარბა	machvzgharba

176. Animais domésticos

gata (f)	კატა	k'at'a
gato (m) macho	ხვადი კატა	khvadi k'at'a
cavalo (m)	ცხენი	tskheni

| garanhão (m) | ულაყი | ulaqi |
| égua (f) | ფაშატი | pashat'i |

vaca (f)	ძროხა	dzrokha
touro (m)	ხარი	khari
boi (m)	ხარი	khari

ovelha (f)	დედალი ცხვარი	dedali tskhvari
carneiro (m)	ცხვარი	tskhvari
cabra (f)	თხა	tkha
bode (m)	ვაცი	vatsi

| burro (m) | ვირი | viri |
| mula (f) | ჯორი | jori |

porco (m)	ღორი	ghori
leitão (m)	გოჭი	goch'i
coelho (m)	ბოცვერი	botsveri

| galinha (f) | ქათამი | katami |
| galo (m) | მამალი | mamali |

pata (f), pato (m)	იხვი	ikhvi
pato (m)	მამალი იხვი	mamali ikhvi
ganso (m)	ბატი	bat'i

| peru (m) | ინდაური | indauri |
| perua (f) | დედალი ინდაური | dedali indauri |

animais (m pl) domésticos	შინაური ცხოველები	shinauri tskhovelebi
domesticado (adj)	მოშინაურებული	moshinaurebuli
domesticar (vt)	მოშინაურება	moshinaureba
criar (vt)	გამოზრდა	gamozrda

fazenda (f)	ფერმა	perma
aves (f pl) domésticas	შინაური ფრინველი	shinauri prinveli
gado (m)	საქონელი	sakoneli
rebanho (m), manada (f)	ჯოგი	jogi

estábulo (m)	თავლა	tavla
chiqueiro (m)	საღორე	saghore
estábulo (m)	ბოსელი	boseli
coelheira (f)	საკურდღლე	sak'urdghle
galinheiro (m)	საქათმე	sakatme

177. Cães. Raças de cães

cão (m)	ძაღლი	dzaghli
cão pastor (m)	ნაგაზი	nagazi
poodle (m)	პუდელი	p'udeli
linguicinha (m)	ტაქსა	t'aksa

| buldogue (m) | ბულდოგი | buldogi |
| boxer (m) | ბოქსიორი | boksiori |

mastim (m)	მასტიფი	mast'ipi
rottweiler (m)	როტვეილერი	rot'veileri
dóberman (m)	დობერმანი	dobermani

basset (m)	ბასეტი	baset'i
pastor inglês (m)	ბობტეილი	bobt'eili
dálmata (m)	დალმატინელი	dalmat'ineli
cocker spaniel (m)	კოკერ-სპანიელი	k'ok'er-sp'anieli

| terra-nova (m) | ნიუფაუნდლენდი | niupaundlendi |
| são-bernardo (m) | სენბერნარი | senbernari |

husky (m) siberiano	ხასკი	khask'i
Chow-chow (m)	ჩაუ-ჩაუ	chau-chau
spitz alemão (m)	შპიცი	shp'itsi
pug (m)	მოპსი	mop'si

178. Sons produzidos pelos animais

latido (m)	ყეფა	qepa
latir (vi)	ყეფა	qepa
miar (vi)	კნავილი	k'navili
ronronar (vi)	კრუტუნი	k'rut'uni

mugir (vaca)	ბღავილი	bghavili
bramir (touro)	დმუილი	ghmuili
rosnar (vi)	ღრენა	ghrena

uivo (m)	ყმუილი	qmuili
uivar (vi)	ყმუილი	qmuili
ganir (vi)	წკმუტუნი	ts'k'mut'uni

balir (vi)	ბღავილი	bghavili
grunhir (vi)	ღრუტუნი	ghrut'uni
guinchar (vi)	წივილი	ts'ivili

coaxar (sapo)	ყიყინი	qiqini
zumbir (inseto)	ბზუილი	bzuili
ziziar (vi)	ჭრიჭინი	ch'rich'ini

179. Pássaros

pássaro (m), ave (f)	ფრინველი	prinveli
pombo (m)	მტრედი	mt'redi
pardal (m)	ბეღურა	beghura
chapim-real (m)	წიწკანა	ts'its'k'ana
pega-rabuda (f)	კაჭკაჭი	k'ach'k'ach'i

corvo (m)	ყვავი	qvavi
gralha-cinzenta (f)	ყვავი	qvavi
gralha-de-nuca-cinzenta (f)	ჭკა	ch'k'a
gralha-calva (f)	ჭილყვავი	ch'ilqvavi

pato (m)	იხვი	ikhvi
ganso (m)	ბატი	bat'i
faisão (m)	ხოხობი	khokhobi

águia (f)	არწივი	arts'ivi
açor (m)	ქორი	kori
falcão (m)	შევარდენი	shevardeni
abutre (m)	ორბი	orbi
condor (m)	კონდორი	k'ondori

cisne (m)	გედი	gedi
grou (m)	წერო	ts'ero
cegonha (f)	yარყატი	qarqat'i
papagaio (m)	თუთიყუში	tutiqushi
beija-flor (m)	კოლიბრი	k'olibri
pavão (m)	ფარშევანგი	parshevangi

avestruz (m)	სირაქლემა	siraklema
garça (f)	ყანჩა	qancha
flamingo (m)	ფლამინგო	plamingo
pelicano (m)	ვარხვი	varkhvi

rouxinol (m)	ბულბული	bulbuli
andorinha (f)	მერცხალი	mertskhali
tordo-zornal (m)	შაშვი	shashvi
tordo-músico (m)	შაშვი მგალობელი	shashvi mgalobeli
melro-preto (m)	შავი შაშვი	shavi shashvi

andorinhão (m)	ნამგალა	namgala
cotovia (f)	ტოროლა	t'orola
codorna (f)	მწყერი	mts'qeri

pica-pau (m)	კოდალა	k'odala
cuco (m)	გუგული	guguli
coruja (f)	ბუ	bu
bufo-real (m)	ჭოტი	ch'ot'i
tetraz-grande (m)	yრუანჩელა	qruanchela
tetraz-lira (m)	როჯო	roch'o
perdiz-cinzenta (f)	კაკაბი	k'ak'abi

estorninho (m)	შოშია	shoshia
canário (m)	იადონი	iadoni
galinha-do-mato (f)	გნოლქათამა	gnolkatama
tentilhão (m)	სკვინჩა	sk'vincha
dom-fafe (m)	სტვენია	st'venia

gaivota (f)	თოლია	tolia
albatroz (m)	ალბატროსი	albat'rosi
pinguim (m)	პინგვინი	p'ingvini

180. Pássaros. Canto e sons

| cantar (vi) | გალობა | galoba |
| gritar, chamar (vi) | ყვირილი | qvirili |

| cantar (o galo) | ყივილი | qivili |
| cocorocó (m) | ყიყლიყო | qiqliqo |

cacarejar (vi)	კაკანი	k'ak'ani
crocitar (vi)	ჩხავილი	chkhavili
grasnar (vi)	ყიყინი	qiqini
piar (vi)	წივილი	ts'ivili
chilrear, gorjear (vi)	ჭიკჭიკი	ch'ik'ch'ik'i

181. Peixes. Animais marinhos

brema (f)	კაპარჭინა	k'ap'arch'ina
carpa (f)	კობრი	k'obri
perca (f)	ქორჭილა	korch'ila
siluro (m)	ლოქო	loko
lúcio (m)	ქარიყლაპია	kariqlap'ia

| salmão (m) | ორაგული | oraguli |
| esturjão (m) | თართი | tarti |

| arenque (m) | ქაშაყი | kashaqi |
| salmão (m) do Atlântico | გოჯი | goji |

| cavala, sarda (f) | სკუმბრია | sk'umbria |
| solha (f), linguado (m) | კამბალა | k'ambala |

| lúcio perca (m) | ფარგა | parga |
| bacalhau (m) | ვირთევზა | virtevza |

| atum (m) | თინუსი | tinusi |
| truta (f) | კალმახი | k'almakhi |

| enguia (f) | გველთევზა | gveltevza |
| raia (f) elétrica | ელექტრული სკაროსი | elekt'ruli sk'arosi |

| moreia (f) | მურენა | murena |
| piranha (f) | პირანია | p'irania |

tubarão (m)	ზვიგენი	zvigeni
golfinho (m)	დელფინი	delpini
baleia (f)	ვეშაპი	veshap'i

caranguejo (m)	კიბორჩხალა	k'iborchkhala
água-viva (f)	მედუზა	meduza
polvo (m)	რვაფეხა	rvapekha

estrela-do-mar (f)	ზღვის ვარსკვლავი	zghvis varsk'vlavi
ouriço-do-mar (m)	ზღვის ზღარბი	zghvis zgharbi
cavalo-marinho (m)	ცხენთევზა	tskhentevza

ostra (f)	ხამანწკა	khamants'k'a
camarão (m)	კრევეტი	k'revet'i
lagosta (f)	ასტაკვი	astak'vi
lagosta (f)	ლანგუსტი	langust'i

182. Anfíbios. Répteis

cobra (f)	გველი	gveli
venenoso (adj)	შხამიანი	shkhamiani
víbora (f)	გველგესლა	gvelgesla
naja (f)	კობრა	k'obra
píton (m)	პითონი	p'itoni
jiboia (f)	მახრჩობელა გველი	makhrchobela gveli
cobra-de-água (f)	ანკარა	ank'ara
cascavel (f)	ჩხრიალა გველი	chkhriala gveli
anaconda (f)	ანაკონდა	anak'onda
lagarto (m)	ხვლიკი	khvlik'i
iguana (f)	იგუანა	iguana
varano (m)	ვარანი	varani
salamandra (f)	სალამანდრა	salamandra
camaleão (m)	ქამელეონი	kameleoni
escorpião (m)	მორიელი	morieli
tartaruga (f)	კუ	k'u
rã (f)	ბაყაყი	baqaqi
sapo (m)	გომბეშო	gombesho
crocodilo (m)	ნიანგი	niangi

183. Insetos

inseto (m)	მწერი	mts'eri
borboleta (f)	პეპელა	p'ep'ela
formiga (f)	ჭიანჭველა	ch'ianch'vela
mosca (f)	ბუზი	buzi
mosquito (m)	კოღო	k'ogho
escaravelho (m)	ხოჭო	khoch'o
vespa (f)	ბზიკი	bzik'i
abelha (f)	ფუტკარი	put'k'ari
mamangaba (f)	კელა	k'ela
moscardo (m)	კრაზანა	k'razana
aranha (f)	ობობა	oboba
teia (f) de aranha	აბლაბუდა	ablabuda
libélula (f)	ჭრიჭინა	ch'rich'ina
gafanhoto (m)	კალია	k'alia
traça (f)	ფარვანა	parvana
barata (f)	აბანოს ჭია	abanos ch'ia
carrapato (m)	ტკიპა	t'k'ip'a
pulga (f)	რწყილი	rts'qili
borrachudo (m)	კინკლა	kinkla
gafanhoto (m)	კალია	k'alia
caracol (m)	ლოკოკინა	lok'ok'ina

169

grilo (m)	ჭრიჭინა	ch'rich'ina
pirilampo, vaga-lume (m)	ციცინათელა	tsitsinatela
joaninha (f)	ჭია მაია	ch'ia maia
besouro (m)	მაისის ხოჭო	maisis khoch'o

sanguessuga (f)	წურბელა	ts'urbela
lagarta (f)	მუხლუხი	mukhlukhi
minhoca (f)	ჭია	ch'ia
larva (f)	მატლი	mat'li

184. Animais. Partes do corpo

bico (m)	ნისკარტი	nisk'art'i
asas (f pl)	ფრთები	prtebi
pata (f)	ფეხი	pekhi
plumagem (f)	ბუმბული	bumbuli
pena, pluma (f)	ფრთა	prta
crista (f)	ბიბილო	bibilo

brânquias, guelras (f pl)	ლაყუჩები	laquchebi
ovas (f pl)	ქვირითი	kviriti
larva (f)	მატლი	mat'li
barbatana (f)	ფარფლი	parpli
escama (f)	ქერცლი	kertsli

presa (f)	ეშვი	eshvi
pata (f)	თათი	tati
focinho (m)	თავი	tavi
boca (f)	ხახა	khakha
cauda (f), rabo (m)	კუდი	k'udi
bigodes (m pl)	ულვაში	ulvashi

casco (m)	ჩლიქი	chliki
corno (m)	რქა	rka

carapaça (f)	ჯავშანი	javshani
concha (f)	ნიჟარა	nizhara
casca (f) de ovo	ნაჭუჭი	nach'uch'i

pelo (m)	ბეწვი	bets'vi
pele (f), couro (m)	ტყავი	t'qavi

185. Animais. Habitats

hábitat (m)	საცხოვრებელი გარემო	satskhovrebeli garemo
migração (f)	მიგრაცია	migratsia

montanha (f)	მთა	mta
recife (m)	რიფი	ripi
falésia (f)	კლდე	k'lde
floresta (f)	ტყე	t'qe
selva (f)	ჯუნგლები	junglebi

| savana (f) | სავანა | savana |
| tundra (f) | ტუნდრა | t'undra |

estepe (f)	ტრამალი	t'ramali
deserto (m)	უდაბნო	udabno
oásis (m)	ოაზისი	oazisi

mar (m)	ზღვა	zghva
lago (m)	ტბა	t'ba
oceano (m)	ოკეანე	ok'eane

pântano (m)	ჭაობი	ch'aobi
de água doce	მტკნარწყლიანი	mt'k'narts'qliani
lagoa (f)	ტბორი	t'bori
rio (m)	მდინარე	mdinare

toca (f) do urso	ბუნაგი	bunagi
ninho (m)	ბუდე	bude
buraco (m) de árvore	ფუღურო	pughuro
toca (f)	სორო	soro
formigueiro (m)	ჭიანჭველების ბუდე	ch'ianch'velebis bude

Flora

186. Árvores

árvore (f)	ხე	khe
decídua (adj)	ფოთლოვანი	potlovani
conífera (adj)	წიწვოვანი	ts'its'vovani
perene (adj)	მარადმწვანე	maradmts'vane
macieira (f)	ვაშლის ხე	vashlis khe
pereira (f)	მსხალი	mskhali
cerejeira (f)	ბალი	bali
ginjeira (f)	ალუბალი	alubali
ameixeira (f)	ქლიავი	kliavi
bétula (f)	არყის ხე	arqis khe
carvalho (m)	მუხა	mukha
tília (f)	ცაცხვი	tsatskhvi
choupo-tremedor (m)	ვერხვი	verkhvi
bordo (m)	ნეკერჩხალი	nek'erchkhali
espruce (m)	ნაძვის ხე	nadzvis khe
pinheiro (m)	ფიჭვი	pich'vi
alerce, lariço (m)	ლარიქსი	lariksi
abeto (m)	სოჭი	soch'i
cedro (m)	კედარი	k'edari
choupo, álamo (m)	ალვის ხე	alvis khe
tramazeira (f)	ცირცელი	tsirtseli
salgueiro (m)	ტირიფი	t'iripi
amieiro (m)	მურყანი	murqani
faia (f)	წიფელი	ts'ipeli
ulmeiro, olmo (m)	თელა	tela
freixo (m)	იფანი	ipani
castanheiro (m)	წაბლი	ts'abli
magnólia (f)	მაგნოლია	magnolia
palmeira (f)	პალმა	p'alma
cipreste (m)	კვიპაროსი	k'vip'arosi
mangue (m)	მანგოს ხე	mangos khe
embondeiro, baobá (m)	ბაობაბი	baobabi
eucalipto (m)	ევკალიპტი	evk'alip't'i
sequoia (f)	სექვოია	sekvoia

187. Arbustos

arbusto (m)	ბუჩქი	buchki
arbusto (m), moita (f)	ბუჩქნარი	buchknari

videira (f)	ყურძენი	qurdzeni
vinhedo (m)	ვენახი	venakhi

framboeseira (f)	ჟოლო	zholo
groselheira-vermelha (f)	წითელი მოცხარი	ts'iteli motskhari
groselheira (f) espinhosa	ხურტკმელი	khurt'k'meli

acácia (f)	აკაცია	ak'atsia
bérberis (f)	კოწახური	k'ots'akhuri
jasmim (m)	ჟასმინი	zhasmini

junípero (m)	ღვია	ghvia
roseira (f)	ვარდის ბუჩქი	vardis buchki
roseira (f) brava	ასკილი	ask'ili

188. Cogumelos

cogumelo (m)	სოკო	sok'o
cogumelo (m) comestível	საჭმელი სოკო	sach'meli sok'o
cogumelo (m) venenoso	შხამიანი სოკო	shkhamiani sok'o
chapéu (m)	ქუდი	kudi
pé, caule (m)	ფეხი	pekhi

boleto, porcino (m)	თეთრი სოკო	tetri sok'o
boleto (m) alaranjado	ვერხვისძირა	verkhvisdzira
boleto (m) de bétula	არყისძირა	arqisdzira
cantarelo (m)	მიქლიო	miklio
rússula (f)	ბღავანა	bghavana

morchella (f)	მერცხალა სოკო	mertskhala sok'o
agário-das-moscas (m)	ბუზიხოცია	buzikhotsia
cicuta (f) verde	შხამა	shkhama

189. Frutos. Bagas

maçã (f)	ვაშლი	vashli
pera (f)	მსხალი	mskhali
ameixa (f)	ქლიავი	kliavi

morango (m)	მარწყვი	marts'qvi
ginja (f)	ალუბალი	alubali
cereja (f)	ბალი	bali
uva (f)	ყურძენი	qurdzeni

framboesa (f)	ჟოლო	zholo
groselha (f) negra	შავი მოცხარი	shavi motskhari
groselha (f) vermelha	წითელი მოცხარი	ts'iteli motskhari
groselha (f) espinhosa	ხურტკმელი	khurt'k'meli
oxicoco (m)	შტოში	sht'oshi

laranja (f)	ფორთოხალი	portokhali
tangerina (f)	მანდარინი	mandarini

abacaxi (m)	ანანასი	ananasi
banana (f)	ბანანი	banani
tâmara (f)	ფინიკი	pinik'i

limão (m)	ლიმონი	limoni
damasco (m)	გარგარი	gargari
pêssego (m)	ატამი	at'ami
quiuí (m)	კივი	k'ivi
toranja (f)	გრეიფრუტი	greiprut'i

baga (f)	კენკრა	k'enk'ra
bagas (f pl)	კენკრა	k'enk'ra
arando (m) vermelho	წითელი მოცვი	ts'iteli motsvi
morango-silvestre (m)	მარწყვი	marts'qvi
mirtilo (m)	მოცვი	motsvi

190. Flores. Plantas

| flor (f) | ყვავილი | qvavili |
| buquê (m) de flores | თაიგული | taiguli |

rosa (f)	ვარდი	vardi
tulipa (f)	ტიტა	t'it'a
cravo (m)	მიხაკი	mikhak'i
gladíolo (m)	გლადიოლუსი	gladiolusi

centáurea (f)	ღიღილო	ghighilo
campainha (f)	მაჩიტა	machit'a
dente-de-leão (m)	ბაბუაწვერა	babuats'vera
camomila (f)	გვირილა	gvirila

aloé (m)	ალოე	aloe
cacto (m)	კაქტუსი	k'akt'usi
fícus (m)	ფიკუსი	pik'usi

lírio (m)	შროშანი	shroshani
gerânio (m)	ნემსიწვერა	nemsits'vera
jacinto (m)	ჰიაცინტი	hiatsint'i

mimosa (f)	მიმოზა	mimoza
narciso (m)	ნარგიზი	nargizi
capuchinha (f)	ნასტურცია	nast'urtsia

orquídea (f)	ორქიდეა	orkidea
peônia (f)	იორდასალამი	iordasalami
violeta (f)	ია	ia

amor-perfeito (m)	სამფერა ია	sampera ia
não-me-esqueças (m)	კესანე	k'esane
margarida (f)	ზიზილა	zizila

papoula (f)	ყაყაჩო	qaqacho
cânhamo (m)	კანაფი	k'anapi
hortelã, menta (f)	პიტნა	p'it'na

lírio-do-vale (m)	შროშანა	shroshana
campânula-branca (f)	ენძელა	endzela

urtiga (f)	ჭინჭარი	ch'inch'ari
azedinha (f)	მჟაუნა	mzhauna
nenúfar (m)	წყლის შროშანი	ts'qlis shroshani
samambaia (f)	გვიმრა	gvimra
líquen (m)	ლიქენა	likena

estufa (f)	ორანჟერეა	oranzherea
gramado (m)	გაზონი	gazoni
canteiro (m) de flores	ყვავილნარი	qvavilnari

planta (f)	მცენარე	mtsenare
grama (f)	ბალახი	balakhi
folha (f) de grama	ბალახის დერო	balakhis ghero

folha (f)	ფოთოლი	potoli
pétala (f)	ფურცელი	purtseli
talo (m)	დერო	ghero
tubérculo (m)	ბოლქვი	bolkvi

broto, rebento (m)	ღივი	ghivi
espinho (m)	ეკალი	ek'ali

florescer (vi)	ყვავილობა	qvaviloba
murchar (vi)	ჭკნობა	ch'k'noba
cheiro (m)	სუნი	suni
cortar (flores)	მოჭრა	moch'ra
colher (uma flor)	მოწყვეტა	mots'qvet'a

191. Cereais, grãos

grão (m)	მარცვალი	martsvali
cereais (plantas)	მარცვლეული მცენარე	martsvleuli mtsenare
espiga (f)	თავთავი	tavtavi

trigo (m)	ხორბალი	khorbali
centeio (m)	ჭვავი	ch'vavi
aveia (f)	შვრია	shvria
painço (m)	ფეტვი	pet'vi
cevada (f)	ქერი	keri

milho (m)	სიმინდი	simindi
arroz (m)	ბრინჯი	brinji
trigo-sarraceno (m)	წიწიბურა	ts'its'ibura

ervilha (f)	ბარდა	barda
feijão (m) roxo	ლობიო	lobio
soja (f)	სოია	soia
lentilha (f)	ოსპი	osp'i
feijão (m)	პარკები	p'ark'ebi

GEOGRAFIA REGIONAL

Países. Nacionalidades

192. Política. Governo. Parte 1

política (f)	პოლიტიკა	p'olit'ik'a
político (adj)	პოლიტიკური	p'olit'ik'uri
político (m)	პოლიტიკოსი	p'olit'ik'osi
estado (m)	სახელმწიფო	sakhelmts'ipo
cidadão (m)	მოქალაქე	mokalake
cidadania (f)	მოქალაქეობა	mokalakeoba
brasão (m) de armas	ეროვნული გერბი	erovnuli gherbi
hino (m) nacional	სახელმწიფო ჰიმნი	sakhelmts'ipo himni
governo (m)	მთავრობა	mtavroba
Chefe (m) de Estado	ქვეყნის ხელმძღვანელი	kveqnis khelmdzghvaneli
parlamento (m)	პარლამენტი	p'arlament'i
partido (m)	პარტია	p'art'ia
capitalismo (m)	კაპიტალიზმი	k'ap'it'alizmi
capitalista (adj)	კაპიტალისტური	k'ap'it'alist'uri
socialismo (m)	სოციალიზმი	sotsializmi
socialista (adj)	სოციალისტური	sotsialist'uri
comunismo (m)	კომუნიზმი	k'omunizmi
comunista (adj)	კომუნისტური	k'omunist'uri
comunista (m)	კომუნისტი	k'omunist'i
democracia (f)	დემოკრატია	demok'rat'ia
democrata (m)	დემოკრატი	demok'rat'i
democrático (adj)	დემოკრატიული	demok'rat'iuli
Partido (m) Democrático	დემოკრატიული პარტია	demok'rat'iuli p'art'ia
liberal (m)	ლიბერალი	liberali
liberal (adj)	ლიბერალური	liberaluri
conservador (m)	კონსერვატორი	k'onservat'ori
conservador (adj)	კონსერვატიული	k'onservat'iuli
república (f)	რესპუბლიკა	resp'ublik'a
republicano (m)	რესპუბლიკელი	resp'ublik'eli
Partido (m) Republicano	რესპუბლიკური პარტია	resp'ublik'uri p'art'ia
eleições (f pl)	არჩევნები	archevnebi
eleger (vt)	არჩევა	archeva

| eleitor (m) | ამომრჩეველი | amomrcheveli |
| campanha (f) eleitoral | საარჩევნო კამპანია | saarchevno k'amp'ania |

votação (f)	ხმის მიცემა	khmis mitsema
votar (vi)	ხმის მიცემა	khmis mitsema
sufrágio (m)	ხმის უფლება	khmis upleba

candidato (m)	კანდიდატი	k'andidat'i
candidatar-se (vi)	ბალოტირება	balot'ireba
campanha (f)	კამპანია	k'amp'ania

| da oposição | ოპოზიციური | op'ozitsiuri |
| oposição (f) | ოპოზიცია | op'ozitsia |

visita (f)	ვიზიტი	vizit'i
visita (f) oficial	ოფიციალური ვიზიტი	opitsialuri vizit'i
internacional (adj)	საერთაშორისო	saertashoriso

| negociações (f pl) | მოლაპარაკება | molap'arak'eba |
| negociar (vi) | მოლაპარაკების წარმოება | molap'arak'ebis ts'armoeba |

193. Política. Governo. Parte 2

sociedade (f)	საზოგადოება	sazogadoeba
constituição (f)	კონსტიტუცია	k'onst'it'utsia
poder (ir para o ~)	ხელისუფლება	khelisupleba
corrupção (f)	კორუფცია	k'oruptsia

| lei (f) | კანონი | k'anoni |
| legal (adj) | კანონიერი | k'anonieri |

| justeza (f) | სამართლიანობა | samartlianoba |
| justo (adj) | სამართლიანი | samartliani |

comitê (m)	კომიტეტი	k'omit'et'i
projeto-lei (m)	კანონპროექტი	k'anonp'roekt'i
orçamento (m)	ბიუჯეტი	biujet'i
política (f)	პოლიტიკა	p'olit'ik'a
reforma (f)	რეფორმა	reporma
radical (adj)	რადიკალური	radik'aluri

força (f)	ძალა	dzala
poderoso (adj)	ძლევამოსილი	dzlevamosili
partidário (m)	მომხრე	momkhre
influência (f)	გავლენა	gavlena

regime (m)	რეჟიმი	rezhimi
conflito (m)	კონფლიქტი	k'onplikt'i
conspiração (f)	შეთქმულება	shetkmuleba
provocação (f)	პროვოკაცია	p'rovok'atsia

derrubar (vt)	ჩამოგდება	chamogdeba
derrube (m), queda (f)	დამხობა	damkhoba
revolução (f)	რევოლუცია	revolutsia

| golpe (m) de Estado | გადატრიალება | gadat'rialeba |
| golpe (m) militar | სამხედრო გადატრიალება | samkhedro gadat'rialeba |

crise (f)	კრიზისი	k'rizisi
recessão (f) econômica	ეკონომიკური ვარდნა	ek'onomik'uri vardna
manifestante (m)	დემონსტრანტი	demonst'rant'i
manifestação (f)	დემონსტრაცია	demonst'ratsia
lei (f) marcial	სამხედრო მდგომარეობა	samkhedro mdgomareoba
base (f) militar	ბაზა	baza

| estabilidade (f) | სტაბილურობა | st'abiluroba |
| estável (adj) | სტაბილური | st'abiluri |

| exploração (f) | ექსპულატაცია | eksp'ulat'atsia |
| explorar (vt) | ექსპულატირება | eksp'ulat'ireba |

racismo (m)	რასიზმი	rasizmi
racista (m)	რასისტი	rasist'i
fascismo (m)	ფაშიზმი	pashizmi
fascista (m)	ფაშისტი	pashist'i

194. Países. Diversos

estrangeiro (m)	უცხოელი	utskhoeli
estrangeiro (adj)	უცხოური	utskhouri
no estrangeiro	საზღვარგარეთ	sazghvargaret

emigrante (m)	ემიგრანტი	emigrant'i
emigração (f)	ემიგრაცია	emigratsia
emigrar (vi)	ემიგრაცია	emigratsia

Ocidente (m)	დასავლეთი	dasavleti
Oriente (m)	აღმოსავლეთი	aghmosavleti
Extremo Oriente (m)	შორეული აღმოსავლეთი	shoreuli aghmosavleti

civilização (f)	ცივილიზაცია	tsivilizatsia
humanidade (f)	კაცობრიობა	k'atsobrioba
mundo (m)	მსოფლიო	msoplio
paz (f)	მშვიდობა	mshvidoba
mundial (adj)	საქვეყნო	sakveqno

pátria (f)	სამშობლო	samshoblo
povo (população)	ხალხი	khalkhi
população (f)	მოსახლეობა	mosakhleoba
gente (f)	ხალხი	khalkhi
nação (f)	ერი	eri
geração (f)	თაობა	taoba

território (m)	ტერიტორია	t'erit'oria
região (f)	რეგიონი	regioni
estado (m)	შტატი	sht'at'i

| tradição (f) | ტრადიცია | t'raditsia |
| costume (m) | ჩვეულება | chveuleba |

ecologia (f)	ეკოლოგია	ek'ologia
índio (m)	ინდიელი	indieli
cigano (m)	ბოშა	bosha
cigana (f)	ბოშა ქალი	bosha kali
cigano (adj)	ბოშური	boshuri

império (m)	იმპერია	imp'eria
colônia (f)	კოლონია	k'olonia
escravidão (f)	მონობა	monoba
invasão (f)	შემოსევა	shemoseva
fome (f)	შიმშილი	shimshili

195. Grupos religiosos mais importantes. Confissões

religião (f)	რელიგია	religia
religioso (adj)	რელიგიური	religiuri

crença (f)	სარწმუნოება	sarts'munoeba
crer (vt)	რწმენა	rts'mena
crente (m)	მორწმუნე	morts'mune

ateísmo (m)	ათეიზმი	ateizmi
ateu (m)	ათეისტი	ateist'i

cristianismo (m)	ქრისტიანობა	krist'ianoba
cristão (m)	ქრისტიანი	krist'iani
cristão (adj)	ქრისტიანული	krist'ianuli

catolicismo (m)	კათოლიციზმი	k'atolitsizmi
católico (m)	კათოლიკე	k'atolik'e
católico (adj)	კათოლიკური	k'atolik'uri

protestantismo (m)	პროტესტანტობა	p'rot'est'ant'oba
Igreja (f) Protestante	პროტესტანტული ეკლესია	p'rot'est'ant'uli ek'lesia
protestante (m)	პროტესტანტი	p'rot'est'ant'i

ortodoxia (f)	მართლმადიდებლობა	martlmadidebloba
Igreja (f) Ortodoxa	მართლმადიდებლური ეკლესია	martlmadidebluri ek'lesia
ortodoxo (m)	მართლმადიდებელი	martlmadidebeli

presbiterianismo (m)	პრესბიტერიანობა	p'resbit'erianoba
Igreja (f) Presbiteriana	პრესბიტერიანული ეკლესია	p'resbit'erianuli ek'lesia
presbiteriano (m)	პრესბიტერიანი	p'resbit'eriani

luteranismo (m)	ლუტერანული ეკლესია	lut'eranuli ek'lesia
luterano (m)	ლუტერანი	lut'erani

Igreja (f) Batista	ბაპტიზმი	bap't'izmi
batista (m)	ბაპტისტი	bap't'ist'i

Igreja (f) Anglicana	ანგლიკანური	anglik'anuri
anglicano (m)	ანგლიკანი	anglik'aneli
mormonismo (m)	მორმონობა	mormonoba

mórmon (m)	მორმონი	mormoni
Judaísmo (m)	იუდაიზმი	iudaizmi
judeu (m)	იუდეველი	iudeveli

| budismo (m) | ბუდიზმი | budizmi |
| budista (m) | ბუდისტი | budist'i |

| hinduísmo (m) | ინდუიზმი | induizmi |
| hindu (m) | ინდუისტი | induist'i |

Islã (m)	ისლამი	islami
muçulmano (m)	მუსულმანი	musulmani
muçulmano (adj)	მუსულმანური	musulmanuri

| xiismo (m) | შიიზმი | shiizmi |
| xiita (m) | შიიტი | shiit'i |

| sunismo (m) | სუნიზმი | sunizmi |
| sunita (m) | სუნიტი | sunit'i |

196. Religiões. Padres

| padre (m) | მღვდელი | mghvdeli |
| Papa (m) | რომის პაპი | romis p'ap'i |

monge (m)	ბერი	beri
freira (f)	მონაზონი	monazoni
pastor (m)	მღვდელი	mghvdeli

abade (m)	აბატი	abat'i
vigário (m)	მღვდელი	mghvdeli
bispo (m)	ეპისკოპოსი	ep'isk'op'osi
cardeal (m)	კარდინალი	k'ardinali

pregador (m)	მქადაგებელი	mkadagebeli
sermão (m)	ქადაგება	kadageba
paroquianos (pl)	მრევლი	mrevli

| crente (m) | მორწმუნე | morts'mune |
| ateu (m) | ათეისტი | ateist'i |

197. Fé. Cristianismo. Islão

| Adão | ადამი | adami |
| Eva | ევა | eva |

Deus (m)	ღმერთი	ghmerti
Senhor (m)	უფალი	upali
Todo Poderoso (m)	ყოვლისშემძლე	qovlisshemdzle

| pecado (m) | ცოდვა | tsodva |
| pecar (vi) | ცოდვის ჩადენა | tsodvis chadena |

pecador (m)	ცოდვილი	tsodvili
pecadora (f)	ცოდვილი ქალი	tsodvili kali
inferno (m)	ჯოჯოხეთი	jojokheti
paraíso (m)	სამოთხე	samotkhe
Jesus	იესო	ieso
Jesus Cristo	იესო ქრისტე	ieso krist'e
Espírito (m) Santo	წმინდა სული	ts'minda suli
Salvador (m)	მხსნელი	mkhsneli
Virgem Maria (f)	ღვთისმშობელი	ghvtismshobeli
Diabo (m)	ეშმაკი	eshmak'i
diabólico (adj)	ეშმაკური	eshmak'uri
Satanás (m)	სატანა	sat'ana
satânico (adj)	სატანური	sat'anuri
anjo (m)	ანგელოზი	angelozi
anjo (m) da guarda	მფარველი ანგელოზი	mparveli angelozi
angelical	ანგელოზური	angelozuri
apóstolo (m)	მოციქული	motsikuli
arcanjo (m)	მთავარანგელოზი	mtavarangelozi
anticristo (m)	ანტიქრისტე	ant'ikrist'e
Igreja (f)	სამღვდელოება	samghvdeloeba
Bíblia (f)	ბიბლია	biblia
bíblico (adj)	ბიბლიური	bibliuri
Velho Testamento (m)	ძველი ანდერძი	dzveli anderdzi
Novo Testamento (m)	ახალი ანდერძი	akhali anderdzi
Evangelho (m)	ევანგელია	evangelia
Sagradas Escrituras (f pl)	წმინდა ნაწერი	ts'minda nats'eri
Céu (sete céus)	ზეციური სამოთხე	zetsiuri samotkhe
mandamento (m)	მცნება	mtsneba
profeta (m)	წინასწარმეტყველი	ts'inasts'armet'qveli
profecia (f)	წინასწარმეტყველება	ts'inasts'armet'qveleba
Alá (m)	ალაჰი	alahi
Maomé (m)	მუჰამედი	muhamedi
Alcorão (m)	ყურანი	qurani
mesquita (f)	მეჩეთი	mecheti
mulá (m)	მოლა	mola
oração (f)	ლოცვა	lotsva
rezar, orar (vi)	ლოცვა	lotsva
peregrinação (f)	მლოცველობა	mlotsveloba
peregrino (m)	მლოცველი	mlotsveli
Meca (f)	მექა	meka
igreja (f)	ეკლესია	ek'lesia
templo (m)	ტაძარი	t'adzari
catedral (f)	ტაძარი	t'adzari

gótico (adj)	გოთიკური	gotik'uri
sinagoga (f)	სინაგოგა	sinagoga
mesquita (f)	მეჩეთი	mecheti
capela (f)	სამლოცველო	samlotsvelo
abadia (f)	სააბატო	saabat'o
convento (m)	მონასტერი	monast'eri
monastério (m)	მონასტერი	monast'eri
sino (m)	ზარი	zari
campanário (m)	სამრეკლო	samrek'lo
repicar (vi)	რეკვა	rek'va
cruz (f)	ჯვარი	jvari
cúpula (f)	გუმბათი	gumbati
ícone (m)	ხატი	khat'i
alma (f)	სული	suli
destino (m)	ბედი	bedi
mal (m)	ბოროტება	borot'eba
bem (m)	სიკეთე	sik'ete
vampiro (m)	ვამპირი	vamp'iri
bruxa (f)	ჯადოქარი	jadokari
demônio (m)	დემონი	demoni
espírito (m)	სული	suli
redenção (f)	მონანიება	monanieba
redimir (vt)	გამოსყიდვა	gamosqidva
missa (f)	სამსახური	samsakhuri
celebrar a missa	მსახური	msakhuri
confissão (f)	აღსარება	aghsareba
confessar-se (vr)	აღსარების თქმა	aghsarebis tkma
santo (m)	წმინდა	ts'minda
sagrado (adj)	საღმრთო	saghmrto
água (f) benta	წმინდა წყალი	ts'minda ts'qali
ritual (m)	რიტუალი	rit'uali
ritual (adj)	რიტუალური	rit'ualuri
sacrifício (m)	მსხვერპლშეწირვა	mskhverp'lshets'irva
superstição (f)	ცრურწმენა	tsrurts'mena
supersticioso (adj)	ცრუმორწმუნე	tsrumorts'mune
vida (f) após a morte	იმქვეყნიური სიცოცხლე	imkveqnuri sitsotskhle
vida (f) eterna	მუდმივი სიცოცხლე	mudmivi sitsotskhle

TEMAS DIVERSOS

198. Várias palavras úteis

ajuda (f)	დახმარება	dakhmareba
barreira (f)	წინაღობა	ts'inaghoba
base (f)	ბაზა	baza
categoria (f)	კატეგორია	k'at'egoria
causa (f)	მიზეზი	mizezi
coincidência (f)	დამთხვევა	damtkhveva
coisa (f)	ნივთი	nivti
começo, início (m)	დასაწყისი	dasats'qisi
cômodo (ex. poltrona ~a)	მოხერხებული	mokherkhebuli
comparação (f)	შედარება	shedareba
compensação (f)	კომპენსაცია	k'omp'ensatsia
crescimento (m)	ზრდა	zrda
desenvolvimento (m)	განვითარება	ganvitareba
diferença (f)	განსხვავება	ganskhvaveba
efeito (m)	ეფექტი	epekt'i
elemento (m)	ელემენტი	element'i
equilíbrio (m)	ბალანსი	balansi
erro (m)	შეცდომა	shetsdoma
esforço (m)	ძალისხმევა	dzaliskhmeva
estilo (m)	სტილი	st'ili
exemplo (m)	მაგალითი	magaliti
fato (m)	ფაქტი	pakt'i
fim (m)	დასასრული	dasasruli
forma (f)	ფორმა	porma
frequente (adj)	ხშირი	khshiri
fundo (ex. ~ verde)	ფონი	poni
gênero (tipo)	სახეობა	sakheoba
grau (m)	ხარისხი	khariskhi
ideal (m)	იდეალი	ideali
labirinto (m)	ლაბირინთი	labirinti
modo (m)	საშუალება	sashualeba
momento (m)	მომენტი	moment'i
objeto (m)	ობიექტი	obiekt'i
obstáculo (m)	დაბრკოლება	dabrk'oleba
original (m)	ორიგინალი	originali
padrão (adj)	სტანდარტული	st'andart'uli
padrão (m)	სტანდარტი	st'andart'i
paragem (pausa)	შეჩერება	shechereba
parte (f)	ნაწილი	nats'ili

partícula (f)	ნაწილი	nats'ili
pausa (f)	პაუზა	p'auza
posição (f)	პოზიცია	p'ozitsia
princípio (m)	პრინციპი	p'rintsip'i
problema (m)	პრობლემა	p'roblema
processo (m)	პროცესი	p'rotsesi
progresso (m)	პროგრესი	p'rogresi
propriedade (qualidade)	თვისება	tviseba
reação (f)	რეაქცია	reaktsia
risco (m)	რისკი	risk'i
ritmo (m)	ტემპი	t'emp'i
segredo (m)	საიდუმლო	saidumlo
série (f)	სერია	seria
sistema (m)	სისტემა	sist'ema
situação (f)	სიტუაცია	sit'uatsia
solução (f)	ამოხსნა	amokhsna
tabela (f)	ტაბულა	t'abula
termo (ex. ~ técnico)	ტერმინი	t'ermini
tipo (m)	ტიპი	t'ip'i
urgente (adj)	სასწრაფო	sasts'rapo
urgentemente	სასწრაფოდ	sasts'rapod
utilidade (f)	სარგებელი	sargebeli
variante (f)	ვარიანტი	variant'i
variedade (f)	არჩევანი	archevani
verdade (f)	ჭეშმარიტება	ch'eshmarit'eba
vez (f)	რიგი	rigi
zona (f)	ზონა	zona

www.ingramcontent.com/pod-product-compliance
Lightning Source LLC
Chambersburg PA
CBHW071341090426
42738CB00012B/2958